정책소통 이야기

정책소통 이야기

'참 이상한 나라' 제작자가 들려주는
공공소통의 철학과 현장

박병규 지음

이콘

저자 소개

박병규

한국외국어대학교 이란어과를 졸업하고, 한양사이버대학교 대학원에서 광고·미디어 MBA 석사학위를 취득하였다. 2002년 KBSi에서 웹 PD로 경력을 시작해 연합뉴스, MBC 등에서 기자와 PD로 활동했다.

2014년 행정안전부에서 정책소통 전문관으로 공직 생활을 시작했으며, 문화체육관광부 소속 해외문화홍보원에서 해외문화홍보콘텐츠과장으로 재직하면서 대한민국의 국가 이미지 제고를 위한 콘텐츠 제작과 글로벌 네트워크 구축 업무를 담당했다.

재직 중에는 코로나19 사태를 극복해 가는 한국인들의

여정을 소개해 전 세계를 감동시켰다는 평가를 받은 '참 이상한 나라' 시리즈를 비롯해 다수의 정책소통 콘텐츠 제작을 총괄하였고, 130여 개국 8,000명 규모의 한국 홍보 외국인 네트워크를 구축하는 성과를 거두었다. 이후 성남문화재단 경영본부장을 맡아 공공기관 운영 실무를 총괄하였으며, 현재는 공적 부문에서 정책소통 실무와 특강 및 연구를 이어가고 있다.

저서로는 『AI 메타버스 시대의 산업·경제적 광고·PR 전략』(공저), 「공공 MCN을 활용한 해외문화홍보원의 한국문화 PR 사례 분석 및 정책적 시사점」(공저) 등 다수의 논문과 기고문이 있다.

차례

프롤로그 소통의 고통, 왜 우리는 어려움을 겪는가 • 008

제1부 소통도 어려운데 정책까지 붙으니…

제1장 정책소통 그 시작을 말하다 • 014
제2장 정책소통은 무엇인가 • 033
제3장 왜 국민은 믿지 않는가? • 049
제4장 현장에서 일어나는 일들 • 064
제5장 정책소통의 철학과 기본 원칙 • 084
제6장 실패담과 성공담 사이: 그 밖의 이야기들 • 100

제2부 현장의 눈으로 본 정책소통 실무

제7장 무엇을 어떻게 말할 것인가: 메시지 전략 • 122
제8장 글쓰기에서 영상까지: 콘텐츠 실무 완전정복 • 140
제9장 SNS는 '운영'이 아닌 '기획'이다 • 179
제10장 언론이 두려운 실무자들에게 • 199
제11장 성과와 평가 그리고 더 나은 미래를 위해 • 223

에필로그 정책소통의 미래, 그리고 실무자의 역할 • 252

프롤로그

소통의 고통,
왜 우리는 어려움을 겪는가?

疏通: 의견이나 의사 따위가 남에게 잘 통함

    소통의 사전적 정의입니다. 한자 소疏는 트이고 소통한다는 의미입니다. 소통이 원활하지 못하면 어떻게 될까요. 소통의 반대말은 불통입니다. 그러니 불통 상태가 되겠죠. 사람들과의 관계에서 소통의 부재가 실패를 의미하지는 않습니다. 사실 대부분의 사람들은 모두와의 소통이 아닌, 크고 작고의 차이가 있지만 관계의 지속을 원하는 일부와 소통합니다.
    그런데 정책소통은 이런 일반적인 소통과는 다릅니다. 정책소통의 대상은 일부가 아닌 대한민국 국민 전부입니다. 따라서 정책소통의 실패는 불통 상태 그 자체에서 그치지 않습니다. 국민들이 정부 정책을 이해할 수 없는 상황이 생기고, 이에 따른 반발과 갈등의 상황이 만들어져 국가적으로 큰 손실이 발생합니다. 정책소통의 실패는 내부적으로도 함께 하는 사람과 일 모두에게서 소외疏外되는 결과를 낳고, 이로 인해 실무자의 스트레스는 점차 한계치를 넘어섭니다.

소통은 이제 고통이 되는 순간이 찾아옵니다. 반대의 입장에서 보는 소통실패의 상황도 있습니다. 어려운 내용의 보도자료, 실질적인 내용을 알 수 없는 모호한 정책, 당장 내게 필요한 정책을 어디서 어떻게 찾아야 할지 모르는 국민들은 정부가 '나의 나라'가 아니라 '그들의 나라'로만 느껴지는 소통의 부재를 느낍니다.

물론 모두가 그렇다는 건 아닙니다. 적성에도 맞고 훌륭한 성과가 나서 즐겁게 일하는 정책소통 실무자분들도 많이 계실 것이고, 필요한 정책에 관심을 보이고 적극적으로 제안에도 나서는 분들도 많이 계십니다. 그런 분들은 굳이 이 책을 참고하지 않으셔도 무방합니다. 제가 이 책을 쓰게 된 이유는 정책소통의 현장에서 어려움을 겪는 분들과 정책소통에 대한 이해력을 좀 더 키우고 싶은 분들께 조금이나마 도움을 드리고 싶은 마음에서 썼기 때문입니다.

　책은 총 2부로 나눠서 구성했습니다. 1부는 정책소통에 관심이 있는 실무자와 일반 독자들이 관심을 가질만한 정책소통의 총론적인 내용을 담았습니다. 2부는 정책소통을 담당하는 실무자들이 현장에서 쓸 만한 내용을 주로 정리했습니다.
　이 책은 정책소통에 대한 이론서가 아닙니다. 저는 PD, 기자, 공무원을 거치며 각기 다른 관점에서 소통을 경험해 왔습니다. 소통은 기술 이상의 문제입니다. 한 사람을 설득하는 소통전략과 모두를 아우르는 소통전략은 다릅니다. 또 소비자를 대상으로 하는 일반 기업과 정책을 통한 국민과의 소통은 같을 수 없습니다. 이 책을 통해 다양한 소통전략 중에서 정책소통 실무자가 직면하는 여러 가지 상황에서 효과적인 전략을 세우고, 실행할 수 있도록 돕고자 합니다.
　그래서 이론에는 잘 나와 있지 않은 실무상 문제와 이에 대한 해결책 등을 주로 담았습니다. 물론 실무를 설명하는 과정에서 필요한 이론이 일부 소개되기도 합니다. 그러나 주요 내용은 제가 정책소통 현장에서 직접 또는 간접 경험한 내용을 바탕으로 정책소통의 처음에서 끝까지 필요한 내용과 생각해야 할 사항을 정리했습니다. 때문에 이론과 다소 차이가 있을 수 있는 제 주관적인 생각이 담겨있기도 합니다.

처음 책을 쓰기 시작하면서 '현장에서 쓸 만한 정책소통 실무 가이드'라는 가제를 사용했었습니다. 정부 부처나 공공기관 등에서 일하고 있는 정책소통 실무진들, 또는 공무원이나 공공기관 소통 관련 부서에서 일하기를 희망하는 사람들, 업계 관계자 그리고 정부와 공공기관과의 소통에 관심이 있는 국민들께 조금이라도 실질적인 도움이 되길 바랬기 때문입니다.

부족한 글이 세상에 나올 수 있도록 여러모로 도와준 가족들과 출간에 힘써주신 이콘출판 김승욱 대표님 외 여러분들께 감사의 말씀을 드립니다.

박병규

제1부

소통도 어려운데
정책까지 붙으니…

정책소통,
그 시작을 말하다

 2025년 7월 정부가 지급하는 '민생회복 소비쿠폰' 지급 방식에 대한 논란이 있었습니다. 일부 시군에서 선불카드에 지원 금액을 표기했다가 이 같은 선불카드 표시금액 노출이 부적절하다는 지적이 제기되면서 부랴부랴 스티커를 붙여 배부했고, 또 어떤 곳은 아예 색상을 지급 금액에 따라 다르게 제공했다가 여론의 호된 비판을 받았습니다.
 왜 이런 일이 생길까요? 정책소통의 기본 원칙이 지켜지지 않았기 때문입니다. 기본적으로 국민의 세금으로 운영되는 정부 부처와 지자체, 공공기관은 조직에서 하는 모든 일에 대해서 국민에게 알려야 할 의무가 있습니다. 따라서 정책소통은 세금으로 운영되는 모든 기관에게 반드시 필요한 업무입니다. 그럼 어떻게 하면 잘 알릴 수 있을까요? 기본적인 철학과 원칙을 지켜야 합니다. 이 사건에서 대통령은 "전형적인 공급자 중심의 행정편의주의적 발상이자 인권 감수성이 매우 부족한 조치"라며 즉각 시정을 지시했습니다.

네, 맞습니다. 정책소통에서 가장 중요한 것은 생산자가 아닌 국민의 관점에서 어떻게 받아들일 것인지를 고민해야 한다는 것입니다. '이렇게 일하면 편하겠네'가 아니라 이렇게 하면 '국민들이 편리해지겠네'와 같은 논리가 내재화되어 있어야 합니다.

두 번째로 필요한 것은 공감입니다. 국민을 이해시키려 들지 말고 먼저 공감할 수 있는 요소를 찾아 응답해야 합니다. 이 사건의 경우 '색깔이 다른 카드를 받은 사람은 어떻게 느낄까? 얼마나 서글펐을까'라는 감정에 대한 공감이 없다면, 여기서 더 나아간 정책에 대한 이해와 설득은 요원한 일입니다.

세 번째는 신뢰입니다. 색깔을 바꾸거나 금액을 표시한 소비쿠폰에 대해 언론과 여론이 질책한 이유는 약자를 배려할 것이라는 정부에 대한 신뢰가 무너졌기 때문입니다.

그리스 철학자인 아리스토텔레스는 사람을 설득하는 방법으로 논리^{Logos}, 감정^{Pathos}, 신뢰^{Ethos}를 꼽습니다. 논리적으로 설득하되 먼저 감정적으로 받아들일 수 있는 관계와 분위기를 조성하고 상대를 신뢰한다는 메시지를 주어야 한다는 내용입니다. 민생회복 소비쿠폰 색깔카드 사건은 이 세 가지가 부족해서 일어난 일입니다. 아리스토텔레스가 수사학에서 말한 것처럼 국민에게 잘 알려야 한다는 소명 의식을 갖고 그에 따른 논리와 감성, 그리고 신뢰라는 방법을 통해 구체적인 사안들을 하나둘 풀어가다 보면 이러한 문제가 다시 생기는 일은 충분히 막을 수 있습니다.

이 책은 소통에 관한 이야기입니다. 특히 우리가 살아가는 과정에서 필요한 수많은 소통 중에서 정책소통에 관한 내용을 주로 담고 있습니다. 정책소통은 정부소통이라고 부르기도 하고, 정책홍보, 정부PR, 정책PR, 정부 광고에 이르기까지 다양한 공적 영역의 소통을 포괄합니다. 이 책에서 각각의 범주와 그 이론적 차이, 특징 등을 다룰 생각은 없습니다. (실은 그럴 능력도 없습니다.) 그저 제가 정책소통의 실무 현장에서 경험했던 직접적인 경험과 같은 일을 했던 동료들의 실제 사례를 모아 실무에서 일하고 계신 분들께서 참고할 만한 내용을 정리한 정도일 뿐입니다.

그래서 우연히 서점에서 소통이란 단어가 눈에 들어와 이 책을 보신 분들은 '이건 실무자를 위해 쓴 책이구나' 하고 느끼실 수도 있을 겁니다. 하지만 정책소통은 공무원이나 공공기관만의 영역이 아닙니다. 정책의 주체이자 대상인 국민 스스로가 정책소통의 한 주체로서 "아, 이런 식으로 정책소통이 이뤄지는구나"하는 올바른 이해와 "이렇게 정부에 의견을 내야겠다"하고 정책소통의 당사자로 직접 참여하기 위한 길라잡이로 활용할 수도 있습니다.

독자들께서 지루하지 않도록 이론보다는 실제 사례를 중심으로 하나둘 이야기를 풀어보겠습니다.

'참 이상한 나라'

만약 책 소개 기사나 온라인에서 이 책에 관한 내용을 접한 독자들이라면 처음 드는 호기심 또는 관심사는 아마도 책 제목일 겁니다. "'참 이상한 나라'라는 표현을 영상으로 아니

'Korea? Wonderland: 참 이상한 나라' 영상은 전 세계에 코로나 팬데믹 위기를 함께 극복해 나가자는 메시지를 보내며 글로벌 리더 국가로서의 위상을 부각시켰다.
출처: 코리아넷 유튜브 채널

면 기사에서 한 번쯤 본 것 같은데" 하는 생각이 들었을지도 모르겠습니다.

　방송국과 뉴스통신사를 거쳐 공직에 입직한 후 정책소통 전문가로 제 이름을 알린 대표적인 콘텐츠가 바로 '참 이상한 나라(Korea? Wonderland!)' 영상입니다. (사실 제 이름보다는 영상 제목이 훨씬 더 많이 알려졌다고 말하는 게 정확한 표현입니다.)

　영상 제작의 배경은 2020년으로 거슬러 올라갑니다. 2019년 코로나 바이러스가 처음 발생한 후 2020년에는 팬데믹으로 이어지면서 국내 확진자 수가 급증하기 시작했습니다. 2015년 중동호흡기증후군^{MERS} 때와 비슷한 상황이었습니다.

곧 언론의 공격이 시작됐죠. 보통 대규모 질병이 창궐하면 언론은 일단 정부의 대응을 질타하기 시작합니다. 사회의 비판 기능을 수행해야 할 언론으로서 당연히 해야 할 일이겠죠. 또 사람들이 궁금해하는 점이 많이 늘어나니까요. 그래서 이 시기에는 뉴스의 소비량이 넘쳐납니다. 정부 입장에서는 대응책을 모색하는 한편 국민에게 효율적으로 알리기 위해 그리고 위기관리 차원에서 정부광고를 집행합니다. 이후 어느 정도 수습 국면에 접어들면 언론의 정부 비판은 천천히 톤을 낮춰가는 방식이 일반적이었습니다.

하지만 2020년 당시 코로나 팬데믹은 전 세계가 처음 겪는 일이어서 그간의 관례와 흐름이 통하지 않았습니다. 정부로서도 달리 뾰족한 수가 없었고. 연일 늘어나는 확진자 수에 대한 비판 보도는 끊이지 않았습니다. 상황의 심각성을 전달하는 경쟁적 보도가 잇따라 이어졌고, 확진자가 크게 증가하는 이유나 정부의 대책에 대한 보도는 좀처럼 찾기 힘들었습니다.

그런데 예상치 못했던 곳에서 반전이 일어나기 시작했습니다. 그 시작은 외신의 의문이었습니다. 당시 대한민국의 확진자 수는 세계 1위를 기록하고 있었고 이 때문에 외신은 그에 대한 대한민국 정부의 원인 분석과 대응 방안에 관심이 많았습니다. 이에 정부는 관련 부서 고위공직자가 참석한 가운데 외신 합동브리핑을 열었습니다.

이 자리에서 한국은 검사 비율이 다른 나라보다 많다는 점을 설명했고, 확진 판정 이후 자가 격리, 확진자 동선 공개 등 투명한 정보 공개를 통해 대응하고 있다는 점도 부연했습니다.

유튜브로 생중계된 외신브리핑은 하루 만에 조회 수 100만 회를 기록하며 국내외 누리꾼들의 폭발적인 관심을 끌었습니다. 비판과 비난 일색이었던 국내 언론과는 다르게 외신은 대한민국의 투명한 정보공개와 참신한 방역 대책에 대한 찬사를 하나둘 쏟아내기 시작했습니다.

미국 시사주간지 〈타임〉은 2020년 2월 24일 '한국의 코로나19 확산 사태는 어떻게 통제 불능이 되었는가'라는 제목의 기사에서 한국 전문가 인터뷰를 통해 한국에서 확진자가 많이 나온 배경으로 뛰어난 진단 능력과 민주적인 시스템 등을 꼽았고, 차에서 내리지 않고 검진을 받을 수 있는 승차 진료소(드라이브 스루)와 저렴한 검사 비용 등에 대해서도 호평했습니다. 한국 주재 특파원이 있는 뉴욕타임즈와 영국의 BBC 등도 이와 비슷한 소식을 자국의 현실과 비교하며 기사로 내보냈습니다.

언론에 대한 불신이 커가던 국민들 입에서 '민족 뉴욕타임즈', '애국 BBC' 이라는 별칭이 온라인에서 회자되기 시작했습니다. 이후 외신 보도를 인용하는 국내 보도가 하나 둘 나오기 시작하며 정부의 팬데믹 대응에 대한 긍정적인 분위기가 만들어지기 시작했습니다.

참 이상한 나라 콘텐츠는 이러한 배경에서 만들어졌습니다.

당시 제가 근무하던 부서는 대한민국의 국가이미지 제고 콘텐츠 제작을 담당했던 터라 외신의 우리나라의 코로나19 대응에 대한 관심이 많은 만큼 해외에 우리의 대응 정책에 대한 홍보를 보다 적극적으로 할 필요가 있었습니다.

일반적으로 홍보용 콘텐츠 제작 방식은 크게 감성적 소

구와 이성적 소구로 나눌 수 있습니다. 팬데믹과 같은 불안한 상황에서는 흔히 객관적인 데이터와 과학적인 접근을 통한 이성적인 소구가 일반적이죠. 하지만 아직 검증되지 않은 과학의 내용으로 접근하기 쉽지 않았고, 국민들의 관심이 큰 점도 고려했습니다. 그래서 감성적인 소구로 접근하자는 결론을 내렸고, 손수 만든 마스크를 동사무소에 기증했다는 한 할머니에 대한 기사를 본 후 여기서 영감을 얻어 시골 친척 집 앞마당에 앉아 제가 직접 원고 초안을 잡았습니다.

해외홍보용 영상은 보통 영어 내레이션을 얹거나 영문 자막으로 처리하는 게 일반적입니다. 하지만 해당 영상에서는 한글 자막을 영문과 함께 사용했습니다. 국내 유통도 염두에 두었기 때문입니다. 힘들어하는 국민들에게 우리가 가진 저력을 깨닫게 하자는 취지였습니다.

해외용이어서 당연히 제목도 영문이 먼저 나왔습니다. 오아시스의 원더월Wonderwall이라는 곡에서 나온 "And after all, You're my wonderwall"이라는 가사를 떠올렸고 이를 차용해 원더랜드라는 단어로 만들었습니다. 사전적 의미의 wonderland는 다소 부정적인 의미도 포함하고 있어 영문 에디터의 자문 후 w를 대문자로 바꿨고, 부호를 추가해 Korea?

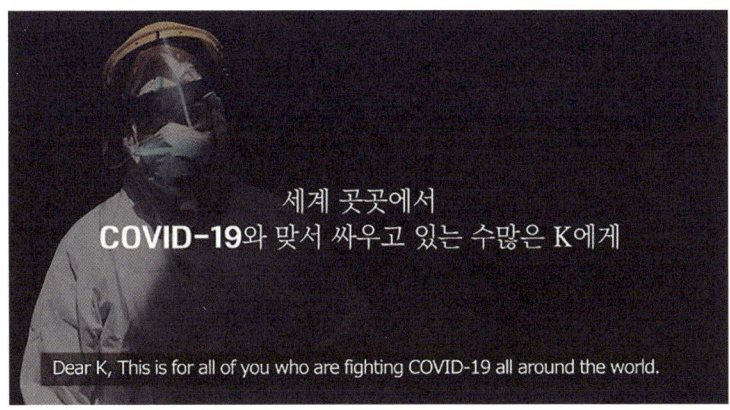

편지 형식으로 공감과 격려의 메시지를 전달한 참 이상한 나라 2편.
출처: 코리아넷 유튜브 채널

Wonderland! 라는 제목을 완성했습니다. 한국어 제목은 단순히 이를 번역한 이상한 나라에서부터 다양한 의견이 나왔습니다. 결국 '참'이라는 단어를 하나 붙여 맛을 살린 '참 이상한 나라'라는 제목을 완성했습니다.

화요일에 올린 영상은 차츰 반응을 보이더니 주말을 거치며 하나둘 기사로 이어졌습니다. 이후 조회 수는 급상승해 400만에 달했고, 윗분들의 성원인지 성화인지 모를 제안에 따라 2, 3편의 후속작을 잇달아 만들었습니다.

코로나 팬데믹에 대처하는 대한민국 경제에 관한 내용을 풀어 전달한 참 이상한 나라 3편
출처: 코리아넷 유튜브 채널

 이 영상으로 상도 받고 당시 청와대를 비롯한 여러 곳으로부터 감사 인사도 들었지만 가장 뜻깊었던 건 댓글 창에 다양한 언어로 표현된 수백 건의 외국어 댓글이었습니다. 그중 몇 개를 소개하면

"충분히 자부심을 가져도 된다. 그 결과는 머지않은 미래에 나타날 것이다. 힘내라 한국"
"한국에게서 영감을 얻어 함께 코로나19에 맞서야 한다."
"불가리아에서 경의를 표한다. 나도 이런 사회에서 태어

났으면 좋았을걸"

(출처: 2020.3.21 노컷뉴스)

전 세계 모두가 힘든 상황에서 대한민국이 전하는 위로의 메시지가 받아들여진 것 같아 뿌듯했고, 공무원이 된 보람을 느낄 수 있었던 프로젝트였습니다.

저니맨

저는 정책소통을 담당하는 공무원으로 사회생활을 시작하지는 않았습니다.

'저니맨'이라는 단어가 있습니다. 미국 프로야구에서 처음 나온 말인데 한 팀에 있지 못하고 이리저리 팀을 옮기는 선수를 일컫는 표현이죠. 반대로 한 팀에서만 선수 생활을 한 '원클럽맨'과 대비되는 말입니다. 저처럼 평생직장이 아닌 여러 곳을 옮겨 다니는 사람들에게도 이 저니맨이라는 말을 씁니다.

야구계에서는 이 저니맨이라는 말이 그리 긍정적이지 않

한 팀에 있지 못하고 돌아다니는 떠돌이를 일컫는 저니맨은 또다른 관점에서는 안정성보다는 경험의 폭을 중시하는 현대 사회의 흐름과도 연결된다.
출처:챗GPT 생성 이미지

은 표현이지만 저의 경우 이 말을 들을 때 딱히 기분이 나쁘다거나 꺼림직한 마음이 들지는 않습니다. 어떤 면에서는 하고 싶은 일을 다 하고 살았다는 의미일 수도 있으니까요. 저니맨은 다양한 조직을 거치며 커리어를 이어가는 사람을 상징하는 단어로 직업 안정성보다는 경험의 폭을 중시하는 현대 사회의 흐름과도 연결된다고 볼 수도 있습니다. 그래서 평생직장이란 말이 사라진 요즘 세상에 딱히 흠이랄 건 없습니다.

다만 모든 일이 그렇듯 저니맨 생활에서도 장점과 단점이 공존합니다. 장점은 앞서 언급했던 것처럼 하고 싶은 다양한 업무 경험을 할 수 있다는 점입니다. 반면 제가 겪어왔던 분야에서의 단점을 말하자면 아직까지 기수와 서열 문화가 여전한 공직과 언론사에서 그들만의 리그에 속하지 못한 소외감을 느낄 때도 있었고, 굴러들어온 돌에 대한 경계심과 불만을 목도할 때도 종종 있다는 점 정도입니다. 그럼에도 불구하고 여러 직장의 저니맨 생활을 거쳐 정책소통을 담당하는 공무원을 했던 이유는 다양한 관점에서 소통의 양상을 관찰하기도 하고 직접 체험할 수도 있었기 때문입니다.

언론사에서 정책홍보를 할 때와 공직에서 정책소통 업무는 관점만 다른 게 아니고 여러 가지 점에서 차이가 있습니다. 언론사에서도 SP$^{Sponcered\ Promotion}$물이라고 해서 정책홍보물을 제작하는 경우가 있습니다. SP는 기업이나 정부 등이 제작을 후원하거나 직접 의뢰한 콘텐츠를 뜻합니다. 외형상 일반 방송처럼 보이지만 실제로는 홍보 목적이 포함된 경우가 많습니다.

예를 들어 항공우주연구원에서 우리 위성기술의 우수성을 다루는 다큐멘터리를 만들고 싶을 때 직접 홍보물로 제작하는 것이 아니라 방송사에 이를 소재로 한 다큐멘터리 제작을 의뢰하는 것처럼 말입니다.

이때 매체의 제작자는 SP물의 특성상 스폰서의 의견을 참고하기는 하지만 직접적인 홍보 메시지를 요구하는 실무자의 의견보다는 다큐멘터리의 보도 가치와 시청자가 관심 있어 할 만한 정보 위주로 방송을 기획하고 제작하는 경우가 대부분입니다.

정부부처와 공공기관의 정책소통은 이와 반대 입장입니다. 보다 직접적이고 구체적인 메시지 전달을 원합니다. 당연히 생각이 다른 매체 제작자와의 사이에서 의견 차이가 생깁니다. 그러면 "우리 예산을 들여서 하는 홍보인데 우리 입맛에 맞는 걸 하지 못하느냐"라며 푸념하고 답답해하는 경우가 생깁니다. 정책소통을 담당하는 공무원들이 매체에 대한 이해가 필요한 것은 이 때문입니다.

뉴스인가? 광고인가?

매체의 관점에서는 독자와 시청자들이 알고 싶어 하는 정보가 있고, 또 그들에게 알려주고 싶은 정보가 있습니다. 하지만 궁극적으로 독자 또는 시청자와 소통하는 언론사의 목적은 그들 즉, 독자와 시청자의 관심입니다. 실제로 정책 담당자와 언론 사이에 놓인 실무자는 양측의 시각을 모두 이해하고 조율할 수 있어야 합니다. 정책 부서는 대개 정책의 타당성과 정당성을 강조하지만, 언론은 독자와 시청자의 관점에서 이해하기 쉬운 언어와 구체적 사례를 요구합니다.

이 간극을 줄이려면 단순히 보도자료를 배포하는 수준을 넘어, 메시지 설계 단계부터 매체 환경을 고려한 전략적 판단이 필요합니다.

예를 들어 예산에 관한 사안이라면 숫자 중심의 설명이 아닌, 이해관계자나 국민이 체감할 수 있는 스토리 기반 메시지를 설계하는 것이 더 효과적일 수 있습니다. 같은 정책이라도 보도 가치가 있으면 뉴스가 되지만 그렇지 않을 경우에는 광고로 처리해야 하는 경우가 생깁니다.

저는 처음 공직에 들어와서 행정안전부에서 정부3.0이라

정부3.0 우수사례집
출처: 행정안전부 홈페이지

는 정책의 홍보를 담당했습니다. 당시 담당 과장과 실무자들 모두 열성적으로 홍보에 열을 올리고 있었습니다. 그중 하나가 주요 부처의 사례를 책으로 정리하는 것이었는데 눈에 들어오는 정책이나 사업들이 제법 있었습니다.

다만 당시 저는 막 공직에 들어온 터라 아직은 국민이 아닌 시청자의 관점이 익숙했었죠. 그래서 시청자들에게 실질적인 도움이 될 만한 정보들이 눈에 띄었습니다. 이중 일부 아이템들을 발췌해 아침 뉴스를 제작하던 작가에게 전달했습니다. 아침 뉴스를 제작하는 방송작가들은 늘 새롭고 유용한 정보에 목말라 있습니다.

시청자에게 유용한 정보(정확히 기억나지는 않지만, 산림청의 휴양림 이용 정보와 환경부의 재활용 관련 내용이었을 겁니다)는 매체의 입장에서도 필요한 것이어서, 이 내용을 전달할 때는 부탁이 아니라 오히려 도움을 주는 모양새로 작가에게 보내줄 수 있었습니다.

관운? 운칠기삼?

공직에 처음 들어갈 때 주변에서 걱정과 우려했던 것과는 달리, 저는 공무원이 된 후 앞서 언급한 참 이상한 나라 영상을 비롯해 제법 괜찮은 성과를 거둔 편입니다. 돌이켜보면 공직에서 성과를 낸다는 것은 개인적인 역량도 물론 중요하지만, 그보다 중요한 건 '어떤 상관을 모시게 되나?'이었던 것 같고, 저는 그런 면에서 운이 좋은 편에 속했다고 봅니다.

한 가지 예를 들면 해외문화홍보콘텐츠과장으로 부임한 지 얼마 안 되고 나서 평창올림픽 홍보영상 촬영을 광화문에서 진행한 적이 있었습니다. 당시 제가 일했던 해외문화홍보원의 원장이 현장을 방문했는데 정말 아무 생각 없이 전에 몸

담았던 매체의 후배 기자에게 원장의 인터뷰를 부탁했고 별다른 사전 언질도 없이 현장에서 바로 마이크를 들이밀게 했던 기억이 있습니다.

보통 장·차관뿐만 아니라 실·국장만 하더라도 매체와 인터뷰를 진행하려면 사전에 매체명과 기자 이름 등 기초적인 자료부터 질문과 답변 원고, 인터뷰 장소, 시간 등을 충분히 보고하고 지시받아야 하는 게 공직사회에서의 일상입니다. 이런 절차를 무시하고 '들이댄' 인터뷰에 당시 원장께서는 별다른 말 없이 능숙하게 답변을 마쳤지만, 이후 이 이야기를 전해 들은 동료와 후배들은 기함했던 적이 있었습니다.

국가 이미지 제고 영상, 현안 영상 등을 제작할 때도, 한 번도 시도하지 않은 웹툰 달력이나 행사를 기획했을 때도 결재권자였던 대부분의 상사들은 모두 전문가의 의견을 존중하겠다며 제 생각을 거의 받아주셨습니다. 아무리 좋은 아이디어를 냈더라도 결재권자가 하지 말라고 했으면 저는 아마 조직의 보수성에 대해 투덜대면서 다른 일자리를 기웃거렸을지도 모릅니다. 그런 면에서 저의 공직생활은 운이 좋은 편이었습니다. 다른 건 모르겠지만 좋은 상사를 만나는 건 노력으로 될 수 있는 게 아닌 듯합니다.

정책소통은 무엇인가?

　실무에서는 정책홍보라는 말을 많이 쓰지만 사실 정책소통은 홍보보다는 훨씬 포괄적인 커뮤니케이션입니다. 홍보, PR, 광고 등을 포괄적으로 모두 다루기 때문입니다. 민생회복 소비쿠폰 사용이나 광복절 행사와 같은 특정 정책이나 행정 서비스의 경우 홍보의 개념에 적합하지만, '지속성을 갖는 정책'의 변화나 개선에 대한 정책소통은 사실 홍보라기보다는 PR의 성격이 더 강한 편입니다.
　일반적으로 PR은 정부, 정당, 기업, 개인 등의 마케팅 주체가 대중(공중)과의 호의적인 관계를 위해 하는 모든 활동을 지칭합니다. 물건이나 서비스의 판매 촉진을 목적으로 하는

정책소통은 홍보, PR, 광고 등을 포괄적으로 모두 다루는 포괄적인 커뮤니케이션이다.
출처: 챗GPT 생성 이미지

광고^{Advertisement}나, 정보를 전달하고 이미지 제고를 목적으로 하는 홍보^{Publicity}보다는 폭이 넓고 기간도 훨씬 지속적입니다. 타깃이 되는 고객도 다양하고 그 폭 또한 매우 광범위합니다.

정책소통의 대상은 국민 전체입니다. 그리고 정책소통의 목적은 단순한 정책 전달이 아니라 국민의 납득, 공감, 신뢰를 통해 수용성을 확보하는 것입니다. 정책소통을 단지 홍보의 일부로 여기게 되면, 정책은 국민의 삶과 분리된 채로 남게 됩니다. 정책소통, PR, 홍보, 광고는 분명 유사해 보이지만 그 목적과 방식, 대상은 조금씩 다릅니다. 다음 표는 그 차이를 정리한 것입니다.

정책 커뮤니케이션의 종류

구분	PR	홍보	광고	정책소통
목적	관계형성 신뢰구축	정보 전달 이미지 제고	상품, 서비스 판매 유도	정책 이해 국민 동의 확보
대상	이해관계자(언론, 전문가 등)	대중, 시민	소비자	국민 전체, 정책수혜자
특징	간접적 신뢰 기반	직접적, 일방향 정보 제공	유료 반복 노출 중심	쌍방향 소통, 의견 수렴 중심
성공기준	호감도 및 신뢰도 상승	인지도 상승 이해도 제고	매출 및 행동 유도	정책 수용성 및 참여 유도

쉬운 이해를 위해 비교표로 정리해 봤습니다만 현실에서 이들을 구별하는 것은 쉽지 않습니다. 큰 틀에서 차이점을 구분하면 정부광고와 홍보는 주로 이미지이고, PR은 관계를 중시합니다. 그러나 정책소통은 그 둘을 넘어서 '참여'와 '공감'을 끌어내야 합니다. 그렇기에 정책소통은 PR과 홍보를 모두 포괄하는 정책 커뮤니케이션Policy Commucation이나 공공커뮤니케이션Public Communication으로 부르는 편이 적절할 거라 생각합니다.

복권 같은 홍보? 만만한 홍보?

정부 부처나 공공기관에서 일하면 가장 많이 듣는 말 중 하나가 홍보의 중요성입니다. 일찍이 "물 반, 고기 반이라는 말처럼 정책이 반, 홍보가 반"이라고 한 모 대통령의 말처럼 시도 때도 없이 홍보 이슈는 떠오르는 화두입니다.

하지만 아이러니하게도 예산 삭감에 있어서는 가장 먼저 칼을 맞게 되는 항목이 바로 홍보 관련 예산이기도 합니다. 업무에서도 마찬가지입니다. 정책홍보가 어렵다는 말 하는 사람 별로 없습니다. 반면에 내가 홍보 좀 해봤다는 사람은 참 많습니다. 본인 SNS계정 한두 개 운영하는 사람이면 온라인 전문가이고, 홍보영상 외주 한두 번 줘 보고, 행사 몇 번 한 사람이면 정책소통 전문가라고 스스로 자부하기도 합니다.

이러한 조직문화 속에서 정책소통 담당자는, 때로는 정책 결정 과정에서 뒷순위에 놓이면서도, 국민과의 접점에서는 선봉대의 역할을 수행해야 합니다.

정책은 논리적으로 완벽해 보여도, 국민이 납득하지 않으면 결국 실패합니다. 낯선 용어, 복잡한 절차, 부담을 요구하는 정책은 더욱 그렇습니다. 이럴 때 필요한 것은 '이 정책이

국민신문고는 국민이 문제를 해결해달라고 요청하면 정부가 이 문제에 대해 진지하게 듣고 공식적으로 응답하는 태도 기반의 시스템이다.
출처: 국민신문고 홈페이지

왜 필요한가'라는 설명과 '그리고 당신에게 어떤 의미가 있는가'라는 연결입니다.

실제로, 정책소통에서는 광고적인 접근만으로 설득이 되지 않습니다. 강한 문구나 이미지보다, 정확하고 구체적인 맥락이 신뢰를 형성할 수 있기 때문입니다. 때로는 불편한 사실도 정직하게 전달하는 용기가 필요합니다.

정책소통은 단지 말을 잘하는 기술이 아니라, 관계를 설계하는 전략입니다. 따라서 국민의 삶을 바꾸는 정책을 제대

고령층 대상 홍보물은 전문 용어 대신 일상 언어를 사용하여 전달력과 접근성을 높이고, 특히 문자보다 이미지와 상황 중심의 설명을 강화하는 것이 중요하다.
출처: 식품의약품안전처 홈페이지

로 전달하기 위해서는, '말의 방식'이 아니라 '말을 건네는 태도'가 달라져야 합니다.

예를 들어 2017년 8월 시작한 청와대 국민청원제도는 단순히 정보를 전달하는 데 그치지 않고 국민이 "이 문제를 해결해달라"고 직접 요청하면 정부가 "당신의 목소리를 진지하게 듣고 공식적으로 응답하겠다"는 태도 기반의 시스템으로 설계되었습니다. 이른바 '윤창호법'과 'n번방 사건' 신상공개 등의 법과 제도 개선은 국민이 말하고 정부가 응답한 결과이며, 이는 말을 건네는 태도 중심의 정책소통이 실질적 변화를 가능케 한 대표 사례라고 볼 수 있습니다.

말의 태도를 바꾼 식품의약품안전처의 사례도 있었습니다. 식품의약품안전처는 고령층에서 의약품 오남용 사례가 증가하자, 의약품 안전 사용에 대한 정책 메시지를 카드뉴스로 배포했습니다. '처방전 없이는 위험해요', '약은 함께 복용하면 안 되는 것도 있어요'와 같이 전문 용어 대신 일상 언어를 사용하여 전달력과 접근성을 높였습니다. 특히 문자보다 이미지와 상황 중심의 설명을 강화함으로써, 정책 정보에 대한 거부감을 줄이고 실제 행동을 유도하는 데 성공했습니다. 이는 정책소통이 국민의 언어와 상황에 기반을 두어야 신뢰를 얻을 수 있다는 사실을 보여주는 사례입니다.

이렇듯 정책소통은 단순 홍보를 넘어, 신뢰와 공감을 유도해야 한다는 점에서 일반적인 소통과 유사점을 보이면서도 독특한 차이점을 가지고 있습니다.

특히 정책소통은 '정책의 수용성'을 높이는 중요한 수단입니다. 아무리 좋은 정책이라도 국민이 이해하지 못하면 원하는 결과를 얻기는 쉽지 않습니다. 때문에 정책의 내용을 해석하고, 타깃에 맞는 언어로 재구성하며, 효과적인 채널로 전달하는 것이 핵심이죠.

그래서 정책소통을 담당하는 실무자는 단순히 메시지

를 전달하는 사람이 아닙니다. 때로는 정책을 기획한 사람의 고민을 파악해 정책의 핵심을 발굴해야 하고, 때로는 현장에서 들려오는 반응을 분석해 개선 방향을 제시해야 합니다. 콘텐츠 제작자이자 분석가이며, 전략가이기도 해야 합니다.

정책소통에 관해 시중에 나와 있는 이론서는 그리 많지 않습니다. 그래도 혹시 여러분들이 관심을 갖고 정책소통 관련 서적을 찾아서 정리해 보면 위에서 언급한 이 정도 내용을 보실 수 있을 것 같습니다. 정책소통을 담당하는 사람들이 이론서에 나오는 대로 제작자와 분석가, 전략가의 사고를 갖고 업무에 임하고, 이들이 전하는 정책 내용을 전달받은 국민들은 정책을 잘 이해하고, 이에 대한 지지와 개선점을 바탕으로 양쪽이 지속적으로 상호작용하는 사회! 이렇게만 된다면 한 테마파크 로고송처럼 거의 '환상의 나라'일 것 같습니다. 하지만 이런 이상적인 이론이 과연 현실에서 가능한 일일까요?

'환상의 나라' 정책소통?

현장에서는 이상과 다른 일이 늘 반복됩니다. "홍보 좀 잘 해봐"라는 모호한 지시, 언론의 부정적 보도, 정치적 고려로 바뀌는 메시지 방향 등 현실은 이론과는 많이 다릅니다.

예산은 늘 부족하고, 인력도 한정적입니다. 정책, 사업 담당자와 홍보 담당자가 서로의 입장을 이해하지 못해 갈등이 생기기도 합니다. 콘텐츠는 애써 만들었지만 확산되지 않고, 시민 반응은 냉랭한 경우가 많습니다. 이런 상황 이외에도 책에 나오지 않는 다양한 문제들이 정책소통을 담당하는 실무자들에게 끊이지 않습니다.

이해관계자의 수는 많고, 정치적 이슈가 개입되며, 때로는 감정이 개입되기도 합니다. 매뉴얼대로 움직일 수 없는 상황에서 실무자는 경험과 감각으로 판단해야 하는 경우가 많습니다. 이런 상황이 오면 이론은 현실 앞에서 무력해질 때가 많습니다.

공보에서 소통으로

대한민국 정부가 들어서면서 정부의 최초 홍보 기능은 공보라는 이름으로 문을 열었습니다. 이후 공보처, 문화공보부, 공보실을 거쳐 김대중 정부에서 국정홍보처로 명칭이 바뀌게 됩니다. 2008년에 집권한 이명박 정부는 작은 정부를 표방하면서 공보처를 폐지하고 해당 기능을 문체부로 이관했습니다. 현재는 문체부 소통실이 옛 공보처의 기능을 담당하고 있습니다. 전 부처의 소통 정책을 컨트롤하는 중요한 곳이죠.

소통 담당 부처의 변화에 따른 소통의 내용을 위주로 풀어보면, 초창기 정부는 '공보처'를 통해 국민에게 정책을 알렸습니다. 그 당시에는 주로 일방적으로 정부 입장을 전달하는 형식이었죠. "아들, 딸 구별 말고 둘만 낳아 잘 기르자", "매월 26일 쥐를 잡자"와 같은 구호를 포스터나 현수막으로 만들어 붙이는 정도였습니다.

하지만 이후 문화적 감수성과 콘텐츠 중심의 홍보 필요성이 커지면서 '문화공보부'로 체제가 전환됐습니다. 김대중 정부 때는 정보의 중요성과 글로벌 홍보의 필요성이 커

60~70년대 정책소통은 일방적으로 메시지를 발송하는 공보의 형식으로 이뤄졌다.
출처: 보건복지부 홈페이지

지며 문화공보부에서 벗어나 '국정홍보처'라는 전문 조직이 만들어졌습니다. 정책홍보를 보다 전략적이고 체계적으로 운영하려는 새로운 시도였죠. 노무현 정부에 들어서면서부터는 공무원이 하기 어려운 일은 외부 전문가를 활용하라는 대통령의 의지에 따라 외부 홍보 전문가들이 정책홍보

실무에 대거 투입되기 시작했습니다. 이명박 정부에서는 국가브랜드위원회를 만들어 대외 홍보를 강화했고, 국내 소통 업무는 문화체육관광부로 통합합니다.

이렇게 정책소통을 담당하는 조직은 시대 흐름과 정부 철학에 따라 형식과 구조를 달리했지만, 정책소통의 필요성이 늘어남에 따라 조직의 역할과 비중도 점차 확대되는 추세라는 걸 알 수 있습니다. 큰 틀에서 우리 정책소통의 흐름은 일반적인 공보에서 쌍방향적인 소통으로, 국내에서 국제 무대로 넓어지고 있다고 정리할 수 있습니다.

정책소통을 전담하는 조직 외에 각 부처와 기관에서도 내부에 자체적으로 소통 관련 부서를 두고 있습니다. 문제는 이처럼 늘어나고 강화된 소통의 중요성과는 달리, 정작 일선 부처의 예산이나 인력 배분에서 소통은 후순위로 밀리는 경우가 많다는 점입니다. 실무자는 소통의 성과를 요구받지만, 그것을 위한 자원은 턱없이 부족한 상황이 반복됩니다. 결국 정책소통 실무자는 '가성비' 높은 전략을 늘 고민해야 하며, 한정된 예산 안에서 메시지 효율성을 극대화하는 판단에 익숙해져야 합니다.

이런 현실이다 보니 소통업무를 담당하는 관리자들 중에서는 결국 정책소통에서 성공사례는 여러 건 하다 보면 어쩌다 한두 건 얻어걸리는 것이라는 말을 하는 사람들이 종종 있습니다. 실무에 익숙하지 않은 행정직 간부 공무원 입장에서는 충분히 할 수 있는 생각일 수도 있습니다. 하지만 정책소통의 성공을 위해 애쓰는 일선의 실무 담당자와 치밀한 기획, 환경 분석, 정책에 대한 특징, 수많은 아이디어에 이르는 지난한 과정을 수행하고 있는 관련 업계 분들이라면 이 말에 쉽게 공감하지 못할 것입니다.

성공사례는 결코 우연히 만들어지지 않습니다.

정책소통의 진화와 한계

초기 정책소통은 일방적인 브리핑이었습니다. 그러나 지금은 정책의 기획부터 피드백까지 모든 단계에 소통이 개입됩니다. 시민참여형 예산제, 온라인 설문조사, SNS를 통한 실시간 의견 수렴 등 소통을 통한 정책 개발은 이제 많이 보편화되었습니다. 이처럼 국민의 적극적인 참여가 필요한 정책소통에서 갖추어야 할 기본조건은 '신뢰'입니다. 정책이 신뢰를 얻기 위해서는 투명하게 정보를 공개하고, 진정성 있게 설명하며, 반응에 귀를 기울여야 합니다. 이런 측면에서 본다면 이제는 홍보의 시대가 아니라 공감과 신뢰의 시대라고 말할 수 있습니다. 그래서 정책소통 관련 교육이나 매뉴얼에서는 '투명하게 알리고 국민과의 신뢰를 쌓는다'는 이상적인 원칙이 강조됩니다.

그러나 정책소통 현장에서는 아직 이런 원칙이 그대로 적용되지 못한 경우가 많습니다. 정치적 입장에 따라 해석이 달라지기도 하고, 그러면 언론은 정책 전반이 아닌 자극적인 키워드를 우선으로 다룹니다. 정책 당사자 간에도 '이걸 왜 알리느냐'는 내부 반발이 있을 수도 있습니다. 이런 상황을 맞닥뜨리면 이론과 현실은 다르구나 라는 말을 실감하곤 합니다.

무엇보다 현장에서 느끼는 가장 큰 괴리는 정책의 정당성을 확보하는 데 있어 소통을 여전히 부차적인 것으로 인식한다는 점입니다. 정책기획 단계에서부터 소통전략이 병행되지 않으면, 사후적 보완은 여론을 따라잡기 어렵습니다.

2012년 서울시가 시행한 「원전 하나 줄이기」 정책은 여기에 해당하는 적절한 사례입니다. 이 정책은 정책 명칭이 실제 원전을 폐쇄하는 것처럼 비춰져 언론과 정치권에서 과장된 상징성, 정책 실효성 부족, 지자체 권한 한계 등에 대한 비판을 받았습니다. 그러나 서울시는 정책 기획단계부터 시민참여형 소통 전략을 가미해 이러한 오해를 적극적으로 해소했습니다. 정책명 공모, 시민참여 거버넌스(에너지시민협의회), 에코마일리지 프로그램 등으로 시민과 소통하며 정책의 실행력을 높였습니다. 그 결과 목표였던 에너지 감축을 조기에 달성하는 성과를 거뒀고, UN 공공행정상 수상 등 국제적인 평가도 받았습니다. 이 사례는 기획 초기부터 전략적 소통을 병행하는 것이 초기 비판을 극복하고 정책의 지속가능성을 확보하는 데 매우 효과적이라는 것을 잘 보여줍니다.

정책소통 실패 유형과 개선 방향

실패 유형	사례	개선 방안
정책 내용 누락	코로나 초기 재난지원금 대상 혼선	Q&A 대상별 안내 강화
부정 프레임 확산	임대차 3법 시행 당시 언론 비판	전문가 인터뷰 데이터 중심 설명
시점 오류	폭우 직후 수해 복구 예산 홍보	적절한 시기 선정 공감 메시지 보강

왜 국민은 믿지 않는가?: 정책소통의 신뢰와 설득의 조건

정책소통 현장에서 국민들에게 자주 듣는 말이 있습니다. "정부의 발표를 그대로 믿어서는 안 된다"는 말입니다. 이는 단순한 반감이 아니라 반복된 경험의 축적입니다. 정책은 바뀌었는데 이에 따른 설명은 부족하고, 현실과 괴리된 말들이 계속될수록 국민은 점점 더 말을 믿지 않게 됩니다. 정부가 거짓말을 했기 때문이 아니라, 그 말에 기대했던 변화가 오지 않았기 때문입니다. 신뢰는 설명으로 얻어지는 것이 아니라 일관성과 결과로 쌓여가는 것입니다. 요즘은 정책 하나에도 보도자료, 카드뉴스, 영상 등 많은 매체가 동원됩니다. 정보의 양은 풍부해졌지만, 그 안에 담긴 진심은 가려져 있습니다. 정책소통이 홍보의 형식만 따르고 진짜 이유와 맥락을 담지 못하면 정보는 넘쳐도 신뢰가 생기지 않습니다.

국민은 이제 설명보다 '태도'를 보고 판단합니다. 정책을 왜 해야 하는지, 어떻게 결정되었는지, 국민에게 어떤 의미가 있는지 알려주는 것이 정책소통의 핵심입니다. 그러나 실무에서는 종종 "언제부터 시행됩니다"라는 전달에 그치는 경우가 많습니다. 결과 중심의 정보는 있지만 과정에 대한 설명은 부족합니다. 정책의 정당성을 확보하려면 단순 설명을 넘어, 국민의 관점에서 납득할 수 있도록 설계해야 합니다. 어려운 용어, 기술적 표현은 소통의 벽을 만들 뿐입니다.

'설득'은 정확한 단어 선택보다, 국민이 일상에서 이해할 수 있는 문맥을 제공하는 데서 시작됩니다. 카드뉴스, 영상 등 매체가 아무리 다양해져도 그 안에 국민의 감정과 상황을 담지 못하면 납득은 어렵습니다.

'~가 시행됩니다'라는 내용보다는 '고향에 기부하고 혜택도 받으세요'와 같은 국민 입장에서 눈길이 가는 내용으로 풀어가는 것이 보다 효과적이다.
출처: 경기도청 홈페이지

정답보다 응답

정책소통은 결국 관계의 문제입니다. 말은 결국 사람이 전달하는 것이고, 때문에 관계가 없다면 아무리 좋은 메시지도 흘러가 버립니다. 불신의 시대에는 '정답'보다 '응답'이 중요합니다. 메시지의 논리나 디자인보다, 상대의 반응에 민감하게 대응하는 응답성이 신뢰를 만듭니다. 국민과의 관계는 단발적인 브리핑이 아니라, 지속적인 반응과 피드백으로 형성됩니다.

정책소통이 신뢰를 회복하려면, 기술이나 형식보다 먼저 태도를 바꿔야 합니다. 정책을 정확히 설명하는 것도 중요하지만, 국민의 눈높이에서 듣고, 반응하고, 응답하는 과정이 더 중요합니다. 소통은 말하는 것이 아니라, 함께 만드는 것입니다. 정답을 주는 것이 아니라 응답을 통해 함께 정답을 찾아가는 것, 그것이 진정한 정책소통입니다.

'소통 실패 비용' 1조 6,000억 원?

정책은 단순히 정부의 의사결정으로 끝나지 않습니다. 정책을 실행해 국민의 삶에 영향을 미치며, 사회적 변화를 이끌어내는 것이 정책의 종착지입니다. 그러기 위해서는 정책과 국민 사이의 연결고리가 필요합니다. 이 연결고리가 바로 정책소통입니다.

하지만 아직까지도 대부분 정책소통은 정책 결정의 부수적인 과정으로 취급되거나, 단순한 홍보의 영역으로 치부됩니다. 이는 정책이 국민의 신뢰를 얻지 못하거나 오해와 불신 속에서 좌초되는 이유 중 하나입니다. 이런 문제로 인해 정책소통이 실패할 때 발생하는 사회적 비용 역시 간과할 수 없는 문제입니다. 국민의 눈에 정책소통의 실패는 세금낭비로 인식될 수 있습니다.

 예를 들어보겠습니다. 2024년 여름 일본의 핵 오염수 방류를 두고 국내에서는 많은 논란이 있었습니다. 당시 정부는 오염수 방류에 아무런 문제가 없다는 홍보를 대대적으로 전개했습니다. 그리고 그해 9월 23일 대통령실 대변인은 "핵폐기물·제2의 태평양 전쟁과 같은 야당의 황당한 괴담 선동이 아니었다면 쓰지 않았어도 될 예산 1조 6,000억 원이 투입됐다"고 말한 바 있습니다.

 이 말을 정책소통의 입장에서 살펴보면 결국 정책소통 실패로 인해 1조가 넘는 돈을 썼다는 이야기와 같습니다. 여야의 주장과 시시비비를 떠나 정책소통의 실패가 얼마나 큰 비용을 불러온다는 것을 실제로 보여준 사례입니다.

 섣부른 전달방식으로 인해 발생한 국민의 이해 부족과 이에 따라 발생하는 불필요한 갈등, 정책 반발로 인한 행정력 낭비, 정책 목표의 좌초는 모두 소통 실패에서 기인합니다. 반대로 성공적인 소통은 국민 참여를 이끌어내고, 정책의 실행력을 높이며, 더 나아가 정책 자체를 개선하는 선순환을 만듭니다. 하지만 현실에서 정책소통은 여러 한계에 부딪히고

정부가 제작한 '후쿠시마 오염수의 진실' 영상은 정책소통의 실패가 얼마나 많은 비용을 불러온다는 것을 실제로 보여준 사례다. 2편의 영상은 2천만 회에 가까운 조회 수를 기록했으나 대부분이 광고였다는 논란에 쌓이기도 했다.
출처: 대한민국정부 유튜브채널

있습니다. 정부가 정책을 발표하는 과정은 종종 '이해를 돕기 위한 설명'보다는 '결과를 일방적으로 통보하는 방식'으로 이루어집니다. 정책을 결정한 이후에야 국민들에게 발표하고, 그 과정에서의 논의나 피드백 수용은 최소화하는 경우가 많습니다. 이는 정책이 국민들에게 '나와 무관한 일'로 인식되는 주된 원인입니다.

국민의 입장에서 볼 때 정책소통은 단절된 채로 존재합니다. 정책의 전문용어가 난무하는 발표 자료, 현실과 동떨어진 공공 캠페인, 그리고 무엇보다 자신의 의견이 정책에 반영되지 않는다는 좌절감은 국민을 정책으로부터 멀어지게 만듭니다. 결국, 정책은 국민의 삶을 바꾸기 위한 도구가 아닌, 정부의 독자적인 목표를 실현하는 일방적 수단처럼 보이게 됩니다.

지금 온라인, 소셜미디어, 방송, 신문 등 다양한 매체를 통해 여러분이 전달하고자 하는 정책소통은 국민의 관점에서 이뤄지고 있습니까? 만들어진 정책을 잘 설득하기 위한 스킬만을 고민하고 있지는 않나요? 이런 상황이 지속되면 소통은 이내 고통으로 다가오기 시작합니다.

소통이 고통이 되는 순간들

소통이 고통이 되는 순간은 국민과 실무자 양 소통 당사자에게 동시에 찾아옵니다. 정책소통은 어떻게 국민들에게 고통으로 다가올까요?

그 시작은 소통의 일방향성에서 출발합니다. 정부가 정책을 발표하고 이를 전달하는 과정은 대부분 '정부의 이야기'로 채워져 있습니다. 그러나 국민은 그 이야기에 참여할 기회를 얻지 못합니다. 정책 발표 이후에도 국민의 의견은 형식적으로만 수집되거나, 이미 정해진 결과를 보완하는 수준에서 반영됩니다.

공감 없는 전달 방식 역시 문제입니다. 정책 내용을 설명하는 영상이나 카드뉴스 등 다양한 방법을 활용해 국민의 시각에서 관심과 이해를 끌려고 하기보다는 "우리가 이렇게 좋은 정책을 만들었으니까 들어봐", "아니, 이런 좋은 정책에 왜 관심이 없지?"와 같은 생각을 하며 정책 자체의 타당성을 강조하는 데 집중합니다. 이러한 방식은 정책의 필요성을 알리는 데 실패할 뿐만 아니라, 국민들에게 불필요한 거리감을 느끼게 합니다.

마지막으로, 현장의 목소리가 반영되지 않는 정책 결정 과정은 국민과 정책 사이의 괴리를 더욱 심화시킵니다. 예를 들어, 대중교통 정책이 현장 운전자들의 현실을 무시하거나, 교육 정책이 교사와 학생의 일상을 충분히 고려하지 못하는 경우가 그렇습니다.

정책소통의 당사자인 실무자 입장에서는 어떨까요? 아마도 "누가 그걸 모르냐?"라는 얘기가 절로 나올 겁니다.

대한민국은 민주공화국이고 민주적인 시스템에 따라 정책을 결정하고 운영하고 있습니다. 대의제 민주주의로 운영되는 국가에서 선거를 통해 국민의 신임을 받은 정부가 공약과 핵심과제 등을 주요 정책으로 수립하려는 것은 당연한 일입니다. 하지만 정권이 교체되면서 새 정부와 집권 여당의 지시나 관여에 따라 기존의 정책이 정반대로 바뀌거나 폐지되는 상황이 생기면 그간의 일관성은 사라져 버립니다.

담당자 입장에서는 정책이 일관성 없이 윗사람의 성향에 따라 바뀌고 그로 인해 소통 전략을 매번 바꿔야 하는 이와 같은 상황에 짜증 날 뿐입니다. 지금까지의 노력을 버리고 '영혼 없는 공무원'이 되어야 하기 때문입니다.

또 다른 면을 볼까요? 일반적으로 정책이나 사업계획을 수립할 때는 배경을 분석하고 목적을 만들고 이에 따른 목표를 설정합니다. 이후 방법을 정하고 이에 따른 실행계획을 세우고 집행이 이뤄진 후에는 결과에 대해 분석한 후 추가적인 조치가 잇따르게 됩니다.

이 과정에서 정책소통은 언제 필요할까요? 앞서 말씀드린 것처럼 이상적인 정책소통은 환경을 분석하는 초기 단계에서부터 국민과의 소통을 통해 이뤄져야 하지만, 정작 현실에서는 실행계획을 세운 이후 "이런 일을 합니다"라고 보도자료를 내는 단 한 번 진행됩니다. 예외적으로 간혹 그 정책의 결과물이 좋게 나올 경우, 그 결과에 대한 보도자료를 내는 정도를 추가할 수 있을 겁니다.

이처럼 다른 많은 분야에서 그러하듯이 정책소통에서도 이론과 현실은 다르게 나타납니다. 그럼 어떻게 해야 할까요? 어쩔 수 없는 상황으로 받아들이고 관례와 관행에 따라야 할까요? 아닙니다. 지금은 변화하기 좋은 환경이 만들어지고 있기 때문입니다.

'소통하기 딱 좋은 시기'

앞서 정책소통은 홍보라기보다는 PR의 성격이 더 강하다고 말씀드렸었습니다. PR은 호의적인 관계 형성을 기반으로 하고 있기 때문에 홍보보다는 폭이 넓고 기간도 훨씬 지속적입니다.

그렇다면 이를 형성하기 위한 주요 과제는 무엇일까요? 바로 지속적인 신뢰 형성에서 시작해야 합니다. 국민은 자신들의 목소리가 정책에 반영된다는 확신이 있어야만 정책을 자신의 문제로 받아들입니다. 이 과정에서 중요한 것은 정부가 국민의 의견을 진정으로 듣고 있다는 신호를 전달하는 것입니다. 정책 입안에서부터 결과에 대해 평가하고 보완점을 모색하는 환류에 이르기까지 모든 과정에서 국민이 참여하는 장치를 만드는 일이 아주 불가능하지만은 않습니다. 지금 우리가 살고 있는 환경이 디지털 시대, 네트워크 시대로 변모했기 때문입니다.

플랫폼과 네트워크의 시대

매체를 통해서만 소통할 수 있었던 시대를 지나 고객과의 직접 소통이 가능해진 요즘 시대에는 자체 플랫폼을 잘 갖춰야 합니다. 그래서 요즘은 일반 기업들도 자사 사이트 내에 뉴스룸을 운영하고, 독점 콘텐츠를 생산하는 등 자체 플랫폼 강화에 열을 올리고 있습니다. 매체라는 간접적인 수단을 이용하는 것보다 고객을 플랫폼에 모아 직접 설명하는 것이 훨씬 효과적이기 때문이죠.

네트워크에는 여러 종류가 있습니다. 보유하고 있는 플랫폼의 네트워크도 있고, 인력 네트워크를 들 수도 있습니다. SNS의 가장 큰 힘은 공유를 통한 전파입니다. 팔로워 수, 구독자 수로 불리는 SNS의 인력 네트워크는 확산과 의견 수렴에 매우 유용한 수단이라 할 수 있습니다.

플랫폼의 네트워크는 정책소통의 방향을 결정짓습니다.

충분한 회원 수와 조회 수를 가지고 있다면 자체 플랫폼을 강화하는 방식을 취해야 합니다. 예를 들어 정부24와 같은 플랫폼을 가진 행정안전부는 외부 플랫폼을 활용하는 것보다는 자체 플랫폼과 이에 연계된 네트워크를 활용하는 것이 좋은 방법입니다. 반면 플랫폼의 네트워크가 열악하다면 네트워크를 구축하거나 외부 플랫폼을 활용하는 방안을 모색해야 합니다. 이런 경우는 콘텐츠 개발이 당장의 성과를 낼 수 있는 방법입니다. 방송, 인터넷 포털 등 주요 플랫폼에 직접 만든 콘텐츠를 태우는 것인데 이때도 메시지를 바로 보낼 것인지 자체 플랫폼으로 유도할 것인지를 생각해야 합니다.

보통 간단한 캠페인 메시지 도달이 목적이라면 직접적으

로 전달할 수 있는 메시지를 담은 콘텐츠가 효과적입니다. 하지만 정책의 내용이 더 많은 설명이 필요한 경우라면 자체 플랫폼으로 옮겨올 수 있도록 알리는 방식이 보다 효과적입니다. 이는 장기적으로 플랫폼 강화로도 이어질 수 있어서 바람직합니다. 물론 플랫폼의 이동은 직접적인 행동을 요구하기 때문에 실행력은 떨어질 수밖에 없습니다. 이를 보완하기 위해서는 경품, 이벤트 등과 연계가 필요합니다.

정부부처나 공공기관은 홍보를 위해 다양한 이벤트를 진행합니다. 하지만 이벤트 경품에서는 큰 차이가 없습니다. 성공적인 이벤트를 위한 경품의 대원칙은 '아주 큰 것을 주거나 아주 많은 사람들에게 주거나' 입니다.

예를 들어 경품 총 예산이 200만원이라고 가정하면 보통 1만원 경품을 100명에게 주거나 순위를 정해 50만원 1명, 10만원 5명, 1만원 100명과 같이 구성하는 경우가 보통입니다.

이걸 이렇게 바꿔보면 어떨까요? 200만원 1명만 주거나 100만원 1명, 5천원 200명으로 말이죠. 사람들이 이벤트 참여를 결정하는 심리는 두 가지입니다. 1등이 돼 큰 상품을 받

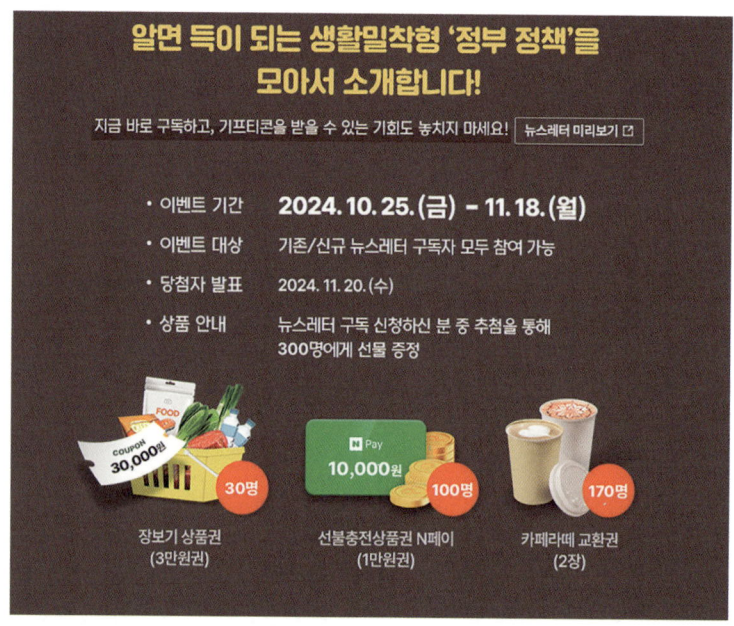

이벤트 상품 구성에도 전략이 필요하다. 3만원 상품권 30명, 1만원 100명, 커피교환권 170명보다는 1등 상품권 가격을 높이고, 커피 교환권을 더 늘리는 방식이 더 큰 참여 효과를 가져올 수 있다.
출처: 대한민국 정책브리핑 홈페이지

을 수도 있다는 심리와 참가만 하면 쉽게 받을 수 있는 '꽝'이 거의 없을 때입니다. 이런 식으로 구성을 달리하면 보다 많은 사람들의 직접적인 참여를 유도할 수 있고, 간접적으로는 이벤트 자체만으로 보도 가치를 만들 수 있습니다.

제가 일하던 부서에서 진행한 행사 이벤트에서 1등 상금이 1천만 원이었던 적이 있었는데, 개인적으로는 1등에게 자동차 한 대(경차겠지만…)를 준다는 내용으로 바꾸고 싶었던 적이 있었습니다. 정부 이벤트가 사행성을 조장한다는 비판을 우려해 정작 실행에 옮기지는 못했지만, 작은 이벤트 하나라도 언론과 국민들이 관심을 가질만한 내용으로 잘 준비하면 예산 대비 효과를 극대화할 수 있는 방안이 있다는 점을 강조하고 싶습니다.

정리해서 말씀드리면 정책소통의 패러다임을 이제 참여와 협력의 모델로 전환해야 한다는 것입니다. 국민이 정책 과정에 주체적으로 참여할 수 있는 구조를 마련하고, 그 과정에서 정부와 국민이 함께 배우고 성장하는 소통의 생태계를 만들어야 합니다.

현장에서 일어나는 일들

　이상적인 정책소통의 패러다임이 현장에서 잘 적용되고 있지 못하는 이유는 무엇 때문일까요? 담당 업무를 맡아서 하는 인력의 능력이 떨어져서일까요? 아니면 구조적인 문제가 있기 때문일까요? 이 장에서는 정책소통이 현장에서는 어떻게 움직이는지, 왜 이상적인 소통의 생태계 구축이 어려운 문제인지 궁금해하시는 독자들을 위해 일련의 업무 흐름과 문제점에 대해 설명하려고 합니다.

　정부의 모든 부처와 지자체 공공기관에는 정책소통을 담당하는 부서가 있습니다. 국민소통실, 홍보실, 커뮤니케이션

팀, 공보관, 대변인실 등 이름은 다양하지만 모두 큰 틀에서 정책소통을 전문적으로 맡아서 하고 있는 곳들입니다. 그러나 꼭 정책소통이 이 부서들만으로 국한되지는 않습니다.

소통이나 홍보부서가 아닌 정책부서나 사업부서라도 기본적으로 정책이나 사업에 대한 홍보를 직접 수행해야 하는 경우는 매우 많습니다. 주요 국정과제이거나 해당 기관의 핵심 사업이라면 대변인실과 홍보담당관실 등 소통 전담부서와 협업해서 일하는 경우가 많지만, 통상적인 정책이나 개별 사업은 담당 부서에서 직접 보도자료를 작성하고, 홍보물을 제작합니다.

정책소통을 담당하는 실무자는 크게 두 가지 유형이 있습니다. 부서를 돌면서 근무하는 순환보직으로 일을 하는 경우가 있고, 소통과 관련된 전문성을 가지고 해당 업무를 맡아서 하는 사람들도 있습니다. 공식 용어로 개방형 직위나 일반임기제 또는 전문경력관, 공무직 등의 이름으로 공적 기관에 합류한 분들이고 저도 여기에 해당합니다. 전자든 후자든 이들은 실무에서 어떻게 정책소통 업무를 수행할까요? 현장에서 일어나는 일을 쉽게 이해하실 수 있도록 지금부터는 여러분이 직접 정책소통을 담당하는 당사자가 되는 역할극을 통해 어떤 일들이 생기는 지 한 번 들여다보겠습니다.

자, 이제 여러분은 정책소통 실무를 담당하게 되었습니다. 무엇부터 해야 할까요? 일단 전임자에게 필수적인 업무에 대한 인수인계를 받습니다. 기본적인 업무 분장에 대해 파악하고 어떤 일을 해왔나를 먼저 살펴봐야겠죠. 보통 소통 업무에는 보도자료 작성, 홍보물 제작, 행사, 홈페이지 관리, SNS 운영 등이 포함됩니다. 물론 그 외에도 평가와 포상, 인사, 서무 등 일반적인 업무 역시 병행해야 합니다. 이중 대부분의 소통 업무에 필요한 영상, 카드뉴스, 인쇄물 등은 대부분 외부 업체를 통해 제작합니다. 그러니 영상 제작, 인쇄물 제작 등 그간 거래했던 업체들의 목록과 간단한 평판을 전달받을 것입니다.

일부 예외가 있긴 하지만 통상적으로 2천만 원을 넘는 계약은 입찰로 진행해야 합니다. 그래서 입찰에 필요한 절차와 기술평가위원 풀도 확인합니다. 예전에 나갔던 보도자료도 참고용으로 받아둬야 합니다. 정기적으로 하는 행사가 있다면 행사에 대한 매뉴얼도 파악해야겠죠. 여기에 좀 더 노력하는 분이라면 정책소통 관련 책을 서너 권 사서 읽거나, 유튜브 또는 포털 기사 검색을 통해 해당 업무에 대한 정책소통의 기본적인 지식을 습득하려 할 겁니다. 그리고 하나둘 일을 처리하며 문제에 봉착할 때는 전임자에게 연락해 그때는 어떻게 했는지를 물어보면서 비교적 무난하게 일을 해 나갈 겁니다.

여기서 생각해 볼 중요한 문제가 있습니다.

정책소통의 기본은 해당 부서의 미션과 타깃에 대한 이해에서부터 출발해야 한다는 점입니다. 예를 들어 제가 근무했던 행정안전부 창조정부기획과의 미션은 당시 주요 국정과제였던 정부3.0을 전 국민에게 확산시키는 것이었습니다. 이를 위한 1차 타깃은 전 부처와 주요 공공기관이었고 이들을 중심으로 국민에게 다가가는 범위(공무원들은 이걸 대국민 접점이라고 흔히 말합니다)를 넓혀가는 것이었습니다.

타깃을 정할 때도 기계적으로 일 처리를 하는 것이 아니라 우선 내가 할 일의 당면과제가 무엇인지를 파악하는 데서 한발 더 나아가 왜 이걸 해야 하지? 라는 근본적인 생각을 한 후 타깃을 설정하고, 그 사람 다음 최적의 효과를 낼 수 있도록 전략을 개발해야 합니다. 목적을 잊은 채 진행하는 과업은 제대로 된 성과를 내기도 어려울 뿐만 아니라 실무자 자신을 힘들게 하기 때문입니다. 정책소통 실무에서는 '있어 보이는' 그럴듯한 일보다는 직접 현수막을 걸고, 초대장을 만들고, 의자를 나르며 현장을 정리하는 '현타'가 오는 일들이 꽤 많은 편입니다. 왜 이 일을 하는지를 생각하지 않으면 "여긴 어디? 나는 누구?"라는 말을 중얼거리는 시간이 점점 많아집니다.

잘할 수 있는 일을 해야

얼마 전 광고학회 학술대회에 토론자로 참석한 적이 있었습니다. 실무와 이론이 다소 괴리되어 있는 경우가 많은 탓에 학회와 토론회 같은 곳을 자주 다니지는 않는데 발표 논문이 평소 잘 다루지 않는 정부광고의 내용 분석에 관한 내용이어서 관심을 갖고 다녀왔습니다. 발표자의 논문은 정부광고의 내용을 소구대상, 소구기법 등 다양한 형태로 분석한 것이었는데 실무자인 제 입장에서는 '이렇게 많은 기법을 말로 만들 수 있구나'하는 생각이 들 정도로 현실과는 다소 동떨어진 내용이었습니다. 제 의견을 말하는 순서가 되었을 때 제가 한 발언은 다음과 같습니다.

"현재 정부광고를 집행하고 있는 정책소통 실무자는 대부분 순환보직으로 업무를 맡고 있는 일반 공무원들이다. 그들이 정부광고를 집행하는 과정은 어떤 광고를 할지에 대한 상급자의 결정을 듣고 선례에 따라 과업지시서를 만들고, 평가위원을 섭외하고 입찰을 준비하는 것이다. 실무자는 이 과정에서 어떤 기법의 광고가 적절할지에 대한 데이터를 가지고 있지 않다. 그래서 업체의 제안에 맡겨둘 수밖에 없다. 반면 아직까지 정부광고나 홍보용역 입찰에 참여하는 업체가 갖는 생각은 '정부 일에서는 튀지 말아야 한다'는 것이다. 정부광고가 가진 특징 때문이다.

정부광고는 네거티브 전략을 활용할 수 없다. 아무리 효과가 크더라도 일부의 극심한 반대가 있으면 논란이 되고 논란은 바람직한 정책소통이 아니라고 평가받기 십상이기 때문이다. 정부에서 만든 콘텐츠에 대한 반감도 중요 요소이다. 사람들은 정부에서 만든 콘텐츠나 캠페인에 부정적인 경향이 많은 편이다. 이런 한계가 있기 때문에 입찰에 참여하는 업체는 대부분 일반적이고 평이한 내용에 현재의 트렌드를 다소 반영하는 정도이다. 이런 상황에서 참신하고 새로운 콘텐츠가 나오기는 쉽지 않다. 실무자는 참고할 자료도 거의 없어 전임자나 업체의 의견을 따르고 공급자의 입장에서 수정을 거듭할 뿐이다. 이 점을 참고해 학계에서 실무에서 활용할 수 있는 데이터나 분석자료를 만들어주면 좋겠다."

왜 이 사례를 언급했을까요? 지금부터 말씀드릴 본격적인 업무에서 정책소통 실무자에게 흔히 생기는 일이기 때문입니다.

일상적인 업무이든 갑자기 떨어진 과업이든 이제 업체를 선정하고 본격적인 일을 시작해야 할 시기가 다가왔습니다.

만약 정책소통 실무를 담당하는 여러분이 순환보직으로 온 사람이 아니라 이 분야의 전문가라면 전략과 구체적인 방법에 있어서도 얼마든지 의견을 제시하며 제안업체와 함께 하는 프로젝트를 만들 수 있을 겁니다. 하지만 순환보직으로 이 업무를 맡은 여러분 대부분은 정책소통의 담당자이지 전문가는 아닙니다. 그렇다고 굳이 전문가가 될 정도로 이론과 실무를 갖출 필요도 없고 그럴 시간도 없습니다. 이럴 때는 여러분이 잘하는 것을 하면 됩니다. 무엇일까요?

앞서 언급한 정책에 대한 목적과 이해입니다. 정책소통의 방법creative를 잘하는 곳은 전문적인 업체입니다. 하지만 그들이 잘 모르는 부분이 있죠. 정책에 대한 철학과 해당 부서가 이 일을 하는 목적입니다. 대부분의 제안업체는 입찰 경쟁과 착수보고회에서 해당 과업의 배경과 목적에 대해 그럴듯하게 설명합니다. 하지만 그들은 정책과 사업 분야에 있어서는

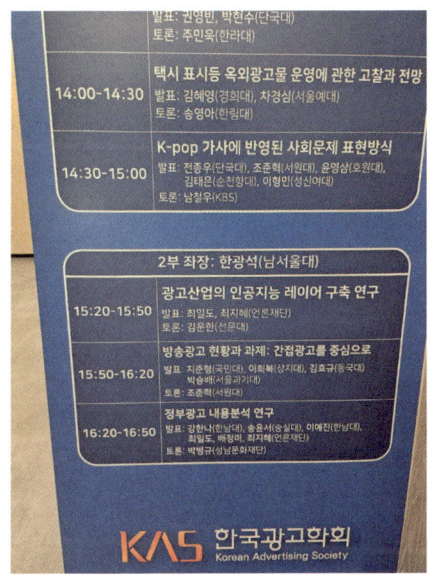

한국광고학회 학술대회에서는 정부광고의 방향과 방법, 내용 등에 대한 다양한 토론을 매년 개최하고 있다.
사진: 학술대회 순서를 알리는 현장 배너

제4장. 현장에서 일어나는 일들

전문가가 아니기 때문에 인식 수준은 작가 또는 기획자가 검색을 통해 얻은 정보 정도입니다. 해당 과업의 미션과 정책의 기본 철학에 대해 이해하고 이에 대한 가이드를 주는 것은 제안사가 아닌 여러분이 전문적으로 해야 할 일입니다. 해당 과업의 목적에 대한 명확한 관점을 갖고 이와 관련된 의견을 전달해야 합니다.

'따봉'만 남은 광고

광고계에서 유명한 1990년대 롯데 델몬트 광고 사례를 들어보겠습니다. 해당 광고는 좋은 품질의 오렌지를 찾기 위해 브라질 농장을 찾아다니고 마침내 최상의 오렌지를 찾았을 때 브라질 말로 '따봉'이라고 말한다는 스토리 구조를 가지고 있습니다. 델몬트는 최고의 오렌지를 찾기 위해 이렇게 노력한다는 메시지를 주려고 한 것이죠. 광고는 크게 히트를 쳤고 따봉은 사람들 사이에 유행어로 회자되었습니다. 그런데 광고의 측면에서 본다면 따봉 광고는 대표적인 실패사례로 회자됩니다. 왜 그럴까요? 사람들은 정작 따봉만을 기억할 뿐이 광고가 어떤 제품을 알리려고 했는지 대부분 기억하지 못했기 때문입니다. 크리에이티브가 기획의도를 압도해 애초에 광고의 목적을 달성하는 데 실패한 거죠.

입찰에 선정된 대부분의 업체는 뛰어난 크리에이티브와 실적Reference를 가지고 있습니다. 여러분이 그들에게 그러한 전문 분야에 대해 의견을 제시하는 것은 대부분 참견일 확률이 높습니다.

여러분이 역할은 이 정책(또는 사업)이 어떤 목적에서 필요하고 어떤 효과를 가져올 수 있는지를 크리에이티브 전문가들에게 설명하는 것입니다. 따봉이 아닌 델몬트 주스를 기억할 수 있게끔 말이죠.

반대로 너무 무심한 경우도 문제가 될 수 있습니다. 보통 정책소통 실무자는 해당 과업을 맡을 업체가 정해지면 입찰이든 수의계약이든 착수 보고와 중간 보고를 거치고 이후 과업을 마치면 이를 검수하는 일을 담당합니다. 이때 이것저것 요구하는 상황이 생기고, 검수의 과정에서 상사의 의견에 따라 수정을 요구하는 경우도 많이 있습니다. 제작 과정에서 아무런 의견 제시 없이 업체에 모든 것을 맡겨두었다가 결과물을 받고 나서야 문제 제기를 하면 결과물의 완성도가 떨어질 뿐만 아니라 갑질 논란이 생길 수도 있습니다.

성공적인 작업은 갑과 을의 관계에서 관여하고 검수의 과정을 거치는 것이 아니라 공통의 목표를 위해 각자 전문적인 역할을 해내는 것입니다. 정책과 사업에 대해 명확히 이해하고 있는 여러분 스스로가 잘할 수 있는 역할을 하면 됩니다.

노력은 배신하지 않는다

잘 아는 것도 중요하지만 성실함을 이길 수는 없습니다. 업계 사람들은 일을 맡고 있는 담당자와 몇 번의 회의 과정을 거치면 해당 실무자가 얼마나 알고 있는지를 대강 눈치챌 수 있습니다. 이러면 어떤 사람들은 적당한 선에서 실무자의 요구사항을 맞춰주기도 하고, 또 어떤 사람들은 전문 용어를 써가며 작업의 주도권을 가져오려 하기도 합니다.

정책소통 실무자가 굳이 전문용어나 이론적인 내용을 알

아야 할 필요는 없습니다. 물론 알면 더욱 좋겠지만 그럴만한 시간적 여유가 그리 많지는 않습니다. 대신 해당 업무에 전력을 다한다는 느낌을 상대에게 전달하면 됩니다. 예전에 저와 함께 일했던 한 주무관(지금은 사무관이 됐습니다)도 콘텐츠 제작에 대해 전문적인 내용은 잘 알지 못하는 행정직이었습니다. 당시 국가이미지제고 영상 제작을 담당하던 이 주무관은 당시 어린아이도 둘이나 있는데 주말에 세종에서 파주 촬영장까지 출장을 가겠다고 제게 말하더군요. 촬영 현장에서 할 수 있는 일이 별로 없고, 제작진도 그리 좋아하지 않을 거라고 설득했는데도 굳이 찾아가 지켜보겠다는 고집에 결국 저도 휴일을 반납하고 동행할 수밖에 없었습니다. 제작사 입장에서는 현장을 찾아온 담당 주무관이 일상적이지 않아 부담스러워하는 표정이 역력했습니다. 서로가 다소 불편한 상황이기는 했지만, 결과적으로 업체는 담당 주무관의 노력과 열정 때문이라도 눈치를 보면서 좀 더 신경 쓰고 일을 해야 했습니다.

정책소통 실무자의 노력과 열정이 제작사에게는 부담과 책임감으로 이어져 좋은 결과를 낳을 수 있었다. 2019년 국가이미지 제고 영상 'The origin of the war'.
출처:코리아넷 유튜브채널

남는 예산 좀 없나요?

앞서 여러분이 인사발령이 나 처음으로 정책소통의 업무를 담당하게 되었거나 홍보, PR 등 관련 경력을 가지고 개방형직위나 임기제로 들어오거나 관계없이 처음 정책소통 담당 부서로 오면 파악해야 하는 것들로 자신의 업무분장과 업체 목록, 보도자료 샘플, 입찰 관련 자료 등을 말씀드렸습니다. 여기서 빠진 것이 있습니다. 바로 예산입니다.

정책소통 담당자로 일하면서 다른 부서로부터 종종 듣게 되는 말이 "남는 홍보예산 좀 쓸 수 있느냐"입니다. 또는 새롭게 부임한 후 무언가를 야심 차게 하려고 할 때 좌절하게 되는 첫 번째 말도 "예산 없는데요"라는 말입니다. 대부분의 정책소통 관련 예산은 이미 쓰임새가 정해져 있기 때문에 무언가를 새롭게 해볼 만한 운신의 폭은 매우 좁습니다. 다음 해 신규사업을 기획하고 이와 관련된 예산을 확보할 수 있지만, 이 또한 쉽지 않습니다.

이때는 우선 지금 배정된 각 항목의 예산이 적절하게 쓰이고 있는지부터 점검할 필요가 있습니다. 일상적인 사업에 변화를 주고 싶다면 제작사나 대행사를 교체하는 안을 고려해 볼 수 있습니다. 관례적으로 해왔던 업무에 대해 신규업체는 보다 합리적인 가격에 더 나은 제안을 제시할 수 있습니다. 일단 주요 레퍼런스를 참고해 관심 있는 업체를 리스트업 해두고 주변 정책소통 담당자들이나 업계 관계자들과의 소통을 통해 평판을 확인하는 순서로 진행합니다.

신규사업은 보다 치밀한 기획이 필요합니다. 저도 문체부 재직 시절 두어 번 정도 신규사업 예산을 확보한 경험이 있습니다. 간략하게 제 사례를 진행했던 순서대로 설명하면 우선 최근의 트렌드를 감안해 정책소통에 활용할 필요가 있는 아이템을 발굴합니다. 제가 기획안 아이템은 해외홍보를 위한 MCN^{Multi Channel Network} 사업 예산이었습니다. 당시에는 유튜브 채널이 큰 폭으로 성장하면서 인플루언서라는 새로운 직종이 우후죽순으로 생겨났고, 이 유튜버들이 크게 인기를 끌자, 이들을 묶어서 다중채널로 운영하는 MCN사업이 태동하던 시기였습니다. 쉽게 말해 회사에서 소속사처럼 인플루언서의 제작을 지원하고, 매니지먼트도 통합적으로 운영하는 방식입니다.

당시 해외홍보 업무를 맡고 있던 제가 생각한 신규사업은 이 같은 배경을 토대로 해 자국어로 한국을 알리는 외국인 인플루언서를 육성하고 지원하는 대한민국 해외홍보 MCN 사업이었습니다. 내부 회의를 거쳐 이 아이템을 부서의 신규 사업으로 편성하기로 하고 기획안을 작성했지만 쉽지 않았습니다. 적용할 만한 데이터나 실적이 없었기 때문이죠. 아무리 잘 쓴 기획서라고 해도 "직접 해보니 이랬다"라는 경험에 기초한 내용을 쓴 보고서보다는 못한 법입니다. 투입 예산의 규모나 이에 따른 기대 효과를 구체화하는 일이 쉽지 않기 때

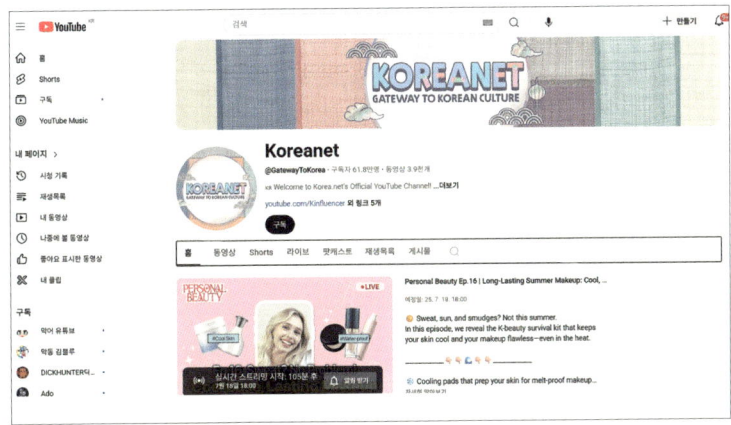

코리아넷 유튜브 MCN채널은 소규모 시범사업을 거쳐 2020년 본 사업을 시작하였다. 출처: 코리아넷 유튜브

문입니다. 그래서 한 가지 생각해 낸 아이디어가 같은 예산사업 범주에 있는 기존사업 예산을 일부 줄여서 신규사업을 우선 시범 사업으로 운영해 보는 것이었습니다. 소규모 예산을 활용한 이 실험형 사업(PILOT이라고도 합니다)을 통해 이후 사업의 적정성과 실효성 측면에서 필요한 자료를 충분히 얻어낼 수 있었습니다. 이렇게 하면 결과를 정량화할 수 있어서 정규 사업에 편성되었을 때의 기대 효과 작성이 유리합니다.

예산 편성을 담당하는 기획재정부는 정량화된 수치를 선호하는 경향이 있습니다. '많은 국민에게…', '큰 효과…' 등

제4장. 현장에서 일어나는 일들　79

추상적인 표현을 자제하고 몇 명의 대상에게 얼마만큼의 효과를 가져다줄 수 있는지를 분석해야 합니다. 신규예산 확보에서 가장 어려운 점이 이와 같은 데이터를 확보하기 어렵다는 점인데 가용할 수 있는 일부 예산을 확보해 시험 운영하는 것은 이와 같은 점에서 큰 장점이 될 수 있었습니다.

당시 해당 업무를 담당했던 주무관과 후일담을 나눈 적이 있었는데, 본인은 관련 업무를 진행하면서도 "이게 되겠어?"하는 생각을 했었는데, 기재부와 국회를 거쳐 예산이 최종 확정된 걸 보고 놀랐다고 웃으며 얘기하더군요. 정부의 주요 정책과제가 아닌 한, 일상 업무에서의 신규 예산 확보는 그만큼 어렵기 때문입니다.

예산 확보만큼 어려운 일이 신규사업을 맡아서 할 인력을 충원하는 것입니다. 만약 여러분이 정책소통을 담당하는 부서의 관리 책임자라면 부서 내의 인력 구성도 염두에 두어야 합니다. 대부분의 정책소통 부서는 행정인력 외에 소통관련 전문인력을 두고 있지 않습니다. 제작 수요가 많은 부처에서는 전문임기제나 공무직 제도를 활용해 촬영, 작가 등 전문인력을 일부 고용하기도 합니다.

문제는 예산과 인력이 같이 움직이는 게 아니라는 데 있습니다. 예산을 확보했다고 해서 행정안전부에서 정원을 쉽게 늘려주는 것은 아니기 때문입니다. 반대로 인력을 확보했다고 해서 예산이 따라오는 것도 아니구요.

예산 확보에 골몰했던 과장 부임 초기에 과 서기관 한 분이 제게 충고해 주신 말이 있습니다. 인원을 고려하지 않은 예산 확보는 직원들을 피로하게 만들 수 있다는 이야기였습니다. 인력이 담보되지 않은 예산 확보는 결국 부서원들에게 예상치 못한 일을 부담시키는 정도일 뿐입니다. 이런 상황이라면 아무리 많은 예산을 확보해도 성과를 내기는 쉽지 않습니다.

탑다운, 바텀업

정책소통의 프로세스는 크게 상향식과 하향식으로 나눌 수 있습니다. 상향식은 실무자 선에서 업무 수요를 파악하고 그에 따른 소통방식에 대한 보고를 마친 후 이를 진행하는 방식입니다. 반대로 하향식은 '윗사람'이 지시하는 업무를 실무적으로 처리하는 것을 말합니다. 정부부처는 특성상 하향식 프로세스가 많은 편입니다. 반면 공공기관의 경우 정기적으로 진행되는 소통 업무가 대부분인 경우가 많아 상향식 프로세스도 쉽게 볼 수 있습니다. 두 가지 프로세스의 차이점은 무얼까요?

하향식의 경우 주로 현안을 다루는 일이어서 긴급성과 시의성이 요구됩니다. 상급자의 선호에 따라 현 상황을 반영하는 트렌디한 기법이 사용되기도 합니다. 하지만 급하게 준비한 만큼 치밀하게 잘 준비되지 못한 기획일 가능성이 커서 곳곳에서 허점이 드러나기 십상입니다. 상향식의 경우는 정기적으로 하는 일이어서 하향식에 비해 비교적 안정적이고 지속적인 기획이 가능합니다. 다만 대부분의 일상적인 업무가 그렇듯 매너리즘에 빠질 가능성이 있습니다.

각각의 장단점이 있지만 하향식의 정책소통에는 윗분의 의사가 많이 반영되는 경향이 있습니다. 특히 이른바 기관장의 '그립이 센' 지방자치단체와 같은 곳은 단체장의 말이 곧 법으로 인식됩니다. 그래서 실무자들은 시민을 위한 소통이 아닌 단체장의 입맛에 맞는 소통을 해야 하는 상황에 내몰리기도 합니다. 저 또한 문화재단에서 근무하던 시절 홍보가 안 된다는 시장의 지적을 받고 소통전략부 실무진과 대책회의를 하면서 시장의 동선에 맞춘 홍보를 해야 한다는 논의를 농담 삼아 주고받았던 적이 있었습니다.

정책소통의 철학과 기본 원칙

지금은 플랫폼과 네트워크의 시대입니다. 과거에는 매체를 통해서만 정책이 전달됐지만 이제는 누구나 하나의 채널이고, 콘텐츠 생산자라고 말할 수 있는 시대가 되었습니다. 이 같은 구조의 변화는 정책소통 실무자에게도 새로운 역할을 요구합니다. 정보의 단순한 전달을 넘어, 연결하고 설득하고 확산하는 역할까지 수행해야 합니다.

이를 위해서는 콘텐츠의 형식과 채널 선택이 전략의 핵심이 됩니다. 과거처럼 홈페이지에 모든 정보를 올리는 방식은 더 이상 효과적이지 않습니다. 유튜브, 블로그, 메신저 채널(카카오톡 등)을 동시에 운영하면서, 수용자에게 적합한 채널 전략을 마련해야 합니다. 같은 메시지라도 플랫폼에 따라 편집 방식과 콘텐츠 포맷이 달라져야 하며, 이를 위해 기관 내부에는 채널별 전문 인력을 확보하는 것이 필요합니다.

콘텐츠 역시 자발적으로 확산되도록 설계되어야 합니다. 댓글, 좋아요, 공유 등은 단순한 반응이 아니라 콘텐츠 확산의 중요한 지표입니다. 특히 사용자 참여를 유도하는 방식으로 '이벤트형 콘텐츠', '경험 공유 유도', '사용자 후기 리그램' 등 다양하고 효과적인 방법을 모색해야 합니다.

정책 뉴스레터는 직접적인 구독 기반 플랫폼으로, 메일 제목과 클릭 유도 문장이 도달률에 큰 영향을 줍니다. '이달의 정책 요약'이나 '정책 퀴즈' 등 형식을 도입해 구독자 반응을 높일 수 있는 전략을 마련해야 합니다. 예를 들면 보건복지부에서 운영하는 '복지로' 뉴스레터는 '복지 사각지대 1분 점검' 같은 제목을 달아 높은 수치의 평균 클릭률(약 18% 이상)을 기록한 것으로 알려져 있습니다. 짧고 직관적인 제목 하나가 얼마나 많은 사람들의 관심을 끌 수 있는지를 보여주는 사례죠.

이처럼 디지털 환경에서의 정책소통 전략은 플랫폼의 특

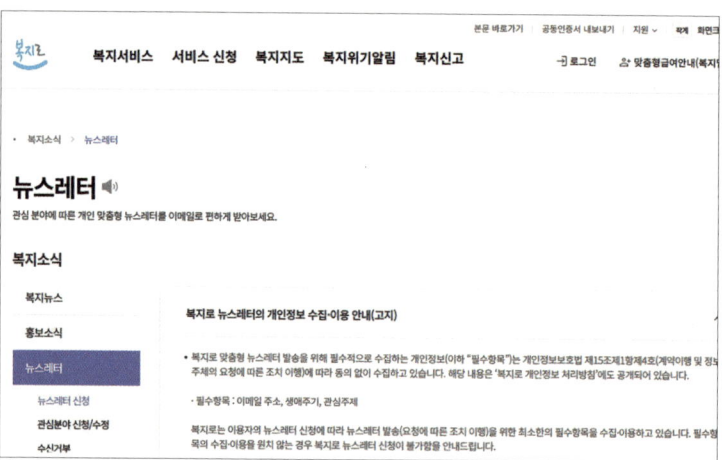

'복지로'뉴스레터와 같이 메일 제목과 클릭 유도 문장은 뉴스레터 도달률에 긍정적인 영향을 준다.
출처: 복지로 홈페이지

성과 수용자의 행동패턴에 맞춘 콘텐츠 기획이 핵심입니다. 즉, 채널을 선택할 때는 단순 노출이 아닌 소통의 맥락을 고려해야 하며, 정책 정보는 정보 그 자체보다 맥락과 감정, 행동 유발 요소를 담아야 합니다. 디지털 플랫폼은 더 이상 단순한 수단이 아닌, 정책 신뢰와 수용성의 결정 변수입니다.

가깝고도 먼 당신 '이해관계자'

몇 년 전 ESG 연구를 하는 연구자 몇 분과 ESG 평가 기준에 대한 논문을 쓴 적이 있습니다. 저는 ESG 탄생 배경과 필요성에 대한 부분을 주로 집필했는데 여기서 많이 사용됐던 개념이 바로 이해관계자입니다.

ESG는 기업의 지속가능성을 목표로 환경Environmental, 사회Social, 기업 지배 구조corporate Governance를 개선하는 경영 기법을 말합니다. ESG 경영은 사회와 기업의 지속 발전 가능성을 위한 중요 요소이며, 소비자 중심 경영과 부합하는 가치라고 할 수 있습니다.

특히 2019년 이후로 비즈니스의 패러다임이 투자자의 이익을 중시하던 '주주자본주의shareholder capitalism'에서 투자자뿐 아니라 지역사회, 협력업체, 고객, 근로자 등 모든 이해관계자를 중시하는 '이해관계자 자본주의stakeholder capitalism'로 전환이 이루어지고 있는데요. 제가 참여한 논문의 주제는 이전의 주주자본주의에서는 주주의 가치 극대화를 위해 환경의 변화가 기업에 미치는 영향을 내부적inward인 방향으로 측정했고, 이해관계자 자본주의의 관점에서도 ESG 경영을 기업

소비자 관점의 ESG경영 개념틀.
출처: 허종호,박병규,김리아,김태민, 홍재원. 2023. 소비자 관점의 ESG경영 척도 개발 및 타당화

의 투자가치를 측정하는 방향으로 진행됐다면 이제는 기업의 ESG 노력이 주주를 비롯해 고객, 근로자, 협력업체, 지역사회 등 다양한 이해관계자들에게 어떻게 긍정적으로 영향을 미치는가를 외부적인outward 방향으로 평가하는 것이 중요하다는 내용이었습니다.

    정책소통에서도 이 이해관계자 개념은 매우 중요합니다.

    특히 정책소통에서 중요한 요소 중 하나는 이해관계자의 맥락을 제대로 이해하고 이를 반영한 전략을 수립하는 것입니다. 정책은 다양한 이해관계자들에게 각기 다른 영향을 미치며, 이들의 반응과 협조가 정책의 성공 여부를 결정짓습니다. 따라서 이해관계자와의 소통은 단순한 정보 전달을 넘어, 상황에 맞는 메시지와 채널을 선택하고 신뢰를 구축하는 과정입니다. 정책은 다양한 계층과 집단에 영향을 미치기 때문에, 먼저 정책과 관련된 이해관계자를 정의하고 분석해야 합니다. 이를 위해서는 이해관계자의 입장, 관심사, 영향력을 파악하는 데 초점이 맞춰야 합니다.

정책소통에서 이해관계자는 크게 세 분류로 나눌 수 있습니다. 국민, 특정 지역 주민과 같은 정책 수혜자, 공공기관, 기업 등의 정책 집행자, 그리고 언론, 시민단체 등의 정책 감시자입니다.

우선 이들에 대해 정책에 대한 관심도와 인식 수준, 정책의 영향을 받는 정도와 정책 실행에 대한 협력 의지의 정도를 파악할 필요가 있습니다.

이 같은 내용을 충분히 준비했으면 이제 이를 바탕으로 이해관계자 맥락을 파악합니다. 이해관계자의 맥락을 파악하기 위해서는 다음과 같은 질문을 던져야 합니다.

첫째, 그들이 원하는 정보는 무엇인가? 입니다.

이해관계자는 정책의 목적과 세부 사항뿐 아니라, 자신에게 미칠 직접적인 영향을 알고 싶어 합니다. 예를 들어 신세대 근로자를 대상으로 한 정책홍보라면, 모바일 중심의 짧고 시각적인 콘텐츠로 접근하는 것이 맥락을 제대로 파악한 접근법입니다.

이해관계자들의 우려는 무엇인가? 도 고려해야 할 부분입니다.

정책의 단점이나 시행 과정에서의 문제점에 대한 우려를 이해하고 이를 사전에 해결할 필요가 있습니다. 대규모 건설 프로젝트를 준비한다면 이와 관련된 주민들의 환경 피해 우려를 청취하고, 구체적인 보완 대책을 발표 이전에 만들어 공유해야 합니다.

다음으로 각 이해관계자의 소통방식에 대한 선호도를 고려해야 합니다. 이해관계자는 각기 다른 채널과 메시지를 선호합니다. 보통 대중은 주로 SNS나 미디어를 통해 정책 정보를 접하지만, 전문가는 심층적인 보고서나 세미나를 선호할 수 있습니다. 따라서 이해관계자별로 차별화된 소통 전략이 필요합니다. 정책 수혜자를 대상으로 할 때는 이해하기 쉬운 언어와 비주얼을 활용해 정책의 이점과 필요성을 설명하면 효과적입니다.(예: SNS 캠페인, 카드뉴스 제작, FAQ 제공) 정책 집행자를 대상으로 할 때는 매뉴얼 배포, 워크숍 및 설명회 개최와 같은 구체적이고 실행 가능한 지침 제공이 도움이 됩니다. 정책 감시자에게는 언론 브리핑, 정책 발표와 관련된 자료 공개 등을 통해 정책의 투명성과 공정성을 강조하며 데이터를 기반으로 신뢰를 구축하는 게 좋습니다.

무엇보다 중요한 건 이해관계자와의 상호작용과 신뢰 구축입니다. 이해관계자와의 소통은 단방향이 아닌 상호작용의 과정입니다. 정책 수립 및 실행 과정에서 이해관계자의 의견을 듣고 이를 반영하는 것이 신뢰 구축의 핵심이죠. 다양한 이해관계자들의 의견을 정책에 반영함으로써 공감대를 형성하는 데서 나아가서 정책 시행 후에도 결과와 진행 상황을 공유하며 관계를 유지하는 지속적인 소통이 필요합니다.

정책소통의 5원칙

진정성, 투명성, 참여성, 일관성, 수용자 중심성을 정책소통의 다섯 가지 원칙으로 꼽습니다. 이 원칙들은 특정한 단일 이론에서 유래한 것이 아니라 다양한 학문적 기반과 실무 이론들을 통합 응용한 개념입니다. 정책소통 5원칙은 정책 커뮤니케이션의 효과성을 높이기 위해 이론적으로 검증된 요소들을 실무적으로 집약한 프레임입니다. OECD의 Open Government Communication보고서에 소개된 적이 있고 국내에서는 행정안전부가 2021년 정부 정책소통지침을 개정하면서 반영하였습니다. 문화체육관광부에서 이와 유사한 기준을 채택한 사례도 있는데 여기에서는 원칙보다는 실행 전략 중심으로 접근한 차이점이 있습니다.

대단히 거창한 이론은 아니고, 읽어보면 "그렇군", "당연하지" 정도의 혼잣말이 나오는 정도일 겁니다. 개별 원칙을 설명하다 보면 좀 지루해질 수 있어서 각 항목마다 실무 팁을 참고로 넣었습니다. 사례를 중심으로 이해해 보시고, 실무자들은 각자의 사례에 적용해 보면 좀 더 현실감 있게 받아들일 수 있을 겁니다.

정책소통 5원칙은 정책 커뮤니케이션의 효과성을 높이기 위해 이론적으로 검증된 요소들을 실무적으로 집약한 프레임이다. OECD의 Open Government Communication보고서.
출처: OECD 홈페이지

1. 진정성

정책소통에서 진정성은 단순히 '착한 말'을 하는 것이 아니라, 실제 정책의 기조와 방향이 소통 메시지에 녹아 있어야 한다는 것을 의미합니다. 진정성은 특히 국민이 체감할 수 있는 정책 효과와 맞닿아 있을 때 빛을 발합니다.

예를 들어, 정부가 재정 건전성을 이유로 국민에게 긴축을 요구하면서도 한편으로는 예산 편성에서 이해충돌이 발생하거나 불필요한 지출을 늘리는 모습이 보인다면 이는 진정성을 의심받게 됩니다.

2023년, 기획재정부는 세수 부족을 이유로 추가 국채 발행을 결정했습니다. 하지만 해당 발표 이전에 정부는 '국가재정은 안정적'이라는 메시지를 반복한 바 있어, 갑작스러운 적자 국채 발행 발표는 국민에게 혼란을 주었습니다.

이 사례는 메시지의 진정성과 정책 방향성 사이의 일치 여부가 얼마나 중요한지를 보여줍니다.

실무 팁

- 메시지를 만들기 전에 실제 정책 방향과 충돌하는 지점이 없는지 검토할 것.
- 기획 단계부터 홍보부서가 참여해 메시지 일관성과 진정성을 확보할 것.

2. 투명성

투명성은 정보의 '공개'를 넘어, 수용자가 이해할 수 있도록 설명하는 것까지를 포함합니다. 단순한 수치 나열이 아니라, 정책의 배경과 맥락을 제대로 전달하는 것이 핵심입니다.

2020년부터 2022년까지 코로나 팬데믹 동안 질병관리청은 매일 브리핑을 통해 확진자 수, 대응 전략, 변이 바이러스 정보 등을 시각자료와 함께 공개했습니다. 국민은 높은 정보 신뢰도를 보였고, 이는 방역 협조비율 상승으로 이어졌습니다.

투명성과 정보공개의 비교

항목	정보공개	투명한 소통
목표	법적 요건 충족	정책 신뢰 확보
형식	문서 제공	맥락 포함한 설명
수용자 고려	없음	있음

신뢰와 투명성은 상호보완적 관계를 가집니다. 투명성을 확보하지 못하면 신뢰를 얻기 어렵고, 신뢰가 부족하면 투명하게 공개된 정보도 의심받게 되죠. 정책 실패나 외부 비판 같은 위기 상황에서 투명성과 신뢰는 정책 결정자가 문제를 해결하고 국민의 지지를 유지하는 데 핵심적인 역할을 합니다.

예를 들면 예산 낭비 논란이 발생한 경우, 관련 자료를 공개하고 독립적인 감사 결과를 공유해 논란을 해소하는 방법이 효과적일 수 있습니다.

> **실무 팁**
> - 모든 정보를 일시에 공개하기보다는 '핵심 정보 → 상세 정보' 구조로 제공
> - 시각자료(인포그래픽, 표 등)를 활용해 수용자의 이해도를 높일 것

3. 참여성

정책소통에서 참여성은 일방적인 전달이 아니라, 국민이 정책 형성과 실행 과정에 직접 참여할 수 있도록 여지를 마련하는 것을 의미합니다. 이는 정책의 수용성과 실행력을 높이며, 국민과의 신뢰를 구축하는 데 중요한 역할을 합니다.

이와 관련해서는 서울시의 '시민참여예산제'를 살펴보겠습니다. 서울시는 예산 편성 과정에 시민이 직접 참여하는 시민참여예산제를 운영하고 있습니다. 온라인 플랫폼을 통해 제안된 정책 아이디어가 실제 예산안에 반영되어 정책 참여를 활성화한 대표적인 사례입니다. 나의 의견이 실제로 정책에 반영된다는 메시지는 강한 참여 동기를 부여할 수 있습니다.

> **실무 팁**
>
> - 국민 참여 플랫폼(예: 국민신문고, 광화문1번가)을 적극 활용할 것
> - 댓글이나 설문조사 결과의 단순 수집 외에 분석 후 실제 반영 여부를 공유
> - 참여결과를 투명하게 공개하고 '참여에 감사하다'는 후속 커뮤니케이션 실시

4. 일관성

정책 메시지의 일관성은 조직 전체의 신뢰를 구축하는 핵심 요소입니다. 부처 간, 국·과·팀 간 메시지의 일관성을 확보하지 못하면 국민은 혼란을 느끼고 신뢰는 훼손됩니다.

2016년 북핵 위기 당시 국방부는 북한의 도발에 대한 강력한 경고 메시지를 발신하는 등 강경 대응을 내세웠습니다. 반면 외교부는 6자회담 재개를 위한 노력을 지속하는 등 대화 기조를 강조하면서 혼선이 발생한 사례가 있습니다.

이는 정책 혼선을 초래했고 국제사회와 국민의 불안감을 키운 바 있습니다.

실무 팁

- 보도자료, 브리핑, SNS 메시지 등 각 채널 간의 일관성을 점검할 것 - 내부 커뮤니케이션을 강화해 유사한 질의에는 동일한 메시지로 대응 - 정책 초기 단계부터 홍보팀과 소통을 강화해 메시지 설계를 함께할 것

5. 수용자 중심성

수용자 중심 정책소통이란 '국민이 알아야 할 정보'가 아니라, '국민이 알고 싶어 하는 정보'를 제공하는 방향으로 메시지와 전달 방식이 설계되어야 한다는 원칙입니다. 한번쯤 들어보셨을 수도 있는 행동과학기반의 넛지 이론Nudge Theory에서 비롯됐는데 이 이론은 정책 설계 시 수용자 행동 특성을 고려해 설계할 때 더 큰 정책 수용성 확보가 가능하다는 내용을 담고 있습니다.

코로나19 초기에 국민들은 백신 접종, 방역지침 등 쏟아지는 정보에 혼란을 겪었습니다. 이에 질병관리청은 각종 복잡한 지침을 단순한 카드뉴스와 영상으로 제공하여 수용자 친화적 정보를 효과적으로 전달했습니다. 특히 SNS를 활용

한 짧고 명확한 메시지는 높은 도달률을 기록했습니다. 국민들이 정말 알고 싶어 했던 정보였기 때문이죠.

> **실무 팁**
>
> 메시지를 설계할 때 대상자의 정보 이해 수준, 관심사, 매체 이용 습관 등을 고려- 단순한 언어, 시각자료(인포그래픽, 영상 등), 반복 메시지를 적극 활용- 수용자 반응 데이터를 수집하고, 이를 바탕으로 메시지를 지속적으로 개선할 것

변화하는 환경:
그 밖의 이야기들

 다른 모든 분야가 그렇듯이 정책소통의 환경도 안팎으로 많이 달라지고 있습니다. 바뀐 환경은 어떤 면에서는 긍정적인 변화가 되기도 하고 또 어떤 면에서는 새로운 부작용을 낳기도 합니다.

 우선 청탁금지법의 시행으로, 보다 투명하고 대등한 '갑'과 '을'의 관계가 가능해졌습니다. 업무 관련 회의를 하거나 식사를 할 때도 '갑'이 커피값이나 식사비를 지불하거나 각자 비용을 분담하는 방식이 이제는 일상적으로 자리 잡았습니다. 물론 모두가 다 그런 것은 아닙니다. 지역적 특색이 강한 일부 지역에서는 아직도 청탁금지법을 우회하거나 무시하는 경우도 더러 있는 게 사실입니다. 그럼에도 불구하고 공직사회와 언론 등 사회 전반이 이전보다 투명하고 공정해지면서 정책소통의 외부 환경도 개선된 것은 사실입니다.

반면 부작용도 있습니다. 정책소통에 있어서 민원 대응의 중요성을 강조하자 일부에서는 이를 이용해 자신의 실리에 악용하는 사례도 종종 생깁니다.

사례를 하나 들면 제가 일했던 해외문화홍보콘텐츠과에서는 해외 주요 인사에게 배포할 달력을 만드는 과업이 있었습니다. 어느 날 달력 제작업체와 회의를 했는데 업체가 제안한 기획과 내용 모두 부실해 그대로 사업을 진행하기 어려웠

K-WEBTOONS

Growing Popularity of Korea's Digital Comics

Korea is the world leader in webtoons thanks to original and engrossing stories and unique illustrations. Korean webtoons account for approximately 30% of the global market and boast legions of fans around the world, including in the US and Japan. Dramas, films and games are often based on popular webtoons, and the popularity of these derivative works reinforces the competitiveness of the domestic webtoon sector. The Korean Culture and Information Service in 2022 is promoting K-culture using the captivating appeal of K-webtoons. The country's 12 most celebrated professionals in the field have participated in this project to share the best parts of K-culture.

웹툰을 활용한 해외문화홍보원의 달력은 제안사가 아닌 내부의 기획을 통해 만들었다.
출처: 문체부 국제문화홍보정책실

습니다. 논의를 하며 새로운 기획안을 내는 게 좋겠다고 말하자 업체 이사라는 분이 다짜고짜 책상을 내리치며 "국민의 세금으로 월급 받는 사람이 이렇게 갑질을 해도 되냐"라며 흥분했습니다. 이때 제가 할 수 있는 일은 민원에 대비해 담당 주무관에게 지금 상황을 녹취하라고 말하는 정도 뿐이었습니다. 이 사례를 비롯해 뒤바뀐 갑을관계를 직접 체험한 일이 적지 않았습니다.

부처나 기관의 성향이나 관행에 따라 아직도 고압적으로 소위 '갑질'을 하는 공무원들도 분명 있습니다. 반면에 변화한 환경에 빠르게 적응해 정보공개 청구, 민원 등으로 오히려 실무를 맡은 공무원을 괴롭히는 사례도 비일비재합니다. '갑질'과 '을질'을 넘어 하나의 프로젝트를 위해 공동으로 협력하는 파트너십이 필요한 시기입니다.

입찰의 함정

정책소통은 내부에서 처리해야 하는 업무도 있지만 많은

부분에서 외부 업체와 협업해야 하는 경우가 많습니다. 보통 2천만 원 이하의 소액 계약은 업무의 안정성과 제한된 시간을 고려해 수의계약으로 진행합니다. 하지만 그 이상의 금액은 조달청을 통한 입찰을 거쳐 적격 업체를 선발합니다. 문체부 과장으로 부임했을 때 개별 사업마다 매번 들어오는 업체들만 입찰에 참여하는 걸 확인하고 사업설명회를 열어 입찰에 참여하지 않는 이유를 물어본 적이 있었습니다. 참석자들의 공통적인 발언을 모아보니 "입찰은 대부분 내정된 경우가 많아서…"라는 답변으로 정리할 수 있었습니다. 당시 설명회에서 저는 입찰의 투명성과 공정한 진행에 대해 설명했고 이후 입찰 참가 업체는 다소 늘어났습니다.

이처럼 요즘 정부부처와 공공기관의 입찰은 독자 여러분이 생각하는 것보다 투명합니다. 정량평가와 같이 객관적인 지표도 잘 정리돼 있는 편이고, 정성평가를 하는 평가위원 선정도 풀을 만들고 추첨을 통해 해당 입찰에 대한 평가에 참여하는 방식으로 진행되는 등 비교적 객관적이고 투명하게 관리되고 있습니다.

대신 입찰에는 함정이 있습니다. 일단 입찰 자격에 특별하게 제한을 두지 않기 때문에 입찰에 참여하는 업체의 과업 수행능력을 정확히 판단하기 어렵습니다. 그래서 제안서를 검토하고 이에 대한 입찰 평가를 하는데 여기서 언제나 우수한 업체를 고르기가 쉽지 않고, 또 입찰과 과업 수행 능력이 비례하지 않을 때가 많습니다. 입찰만 잘하는 업체가 있고, 입찰은 약하지만 과업을 잘하는 업체가 있고, 둘 다 못하는 업체와 입찰과 과업 모두 잘하는 업체도 더러 있습니다. 입찰과 과업 모두 잘하는 업체라면 가장 좋은 일이지만 그런 업체가 그리 많지는 않습니다. 문제는 입찰PT를 잘 못해도 과업을 잘하는 업체의 경우인데 안타깝게도 이들은 평가위원의 눈에는 잘 보이지 않습니다.

최악의 상황은 입찰만 잘하는 업체가 선정됐을 때입니다.
대부분의 용역 평가 시스템은 최고점과 최하점을 제외한 나머지 점수를 평균 내는 방식을 활용합니다. 이런 시스템에서는 튀지 않고 적절한 선을 지키며 배경, 의도, 인용문구 등 PT 자료를 잘 만들면 충분히 성공할 수 있습니다.
제가 경험했던 입찰 사례를 하나 들면 해당 입찰에서 제작을 잘하는 한 업체는 발표자가 긴장한 탓에 PT를 제대로 하지 못했습니다. 반면 다른 한 업체의 경우 Q카드를 만들어 발표 내용을 정리해 이를 읽었습니다. 그러나 심사위원들은 발표자보다는 PT자료와 화면을 주로 보기 때문에 원고를 읽는 모습이 그리 거슬리지 않습니다, 결국 이 업체가 해당 입찰을 수주했습니다.

문제는 이제부터 시작됩니다. 분명 제안서에 들어있는 내용이고, 발표자가 PT에서 언급한 사항인데 막상 본 과업이 시작되면 입찰을 수주한 업체는 이런저런 핑계를 대기 시작하고, 실무자는 당혹스러운 현실과 마주할 수밖에 없습니다. 결국 실무자가 발등에 떨어진 불을 직접 꺼야 하는 일이 생기곤 합니다.

변화하는 시대의 흐름에 따라 입찰을 비롯한 대외 업무가 비교적 공정하게 진행되고 있지만 아직도 일부에서는 구태의 방식으로 영업하고 이에 반응하는 구태의연한 일들이 존재하기도 합니다.

예전에 한 업체가 입찰에서 탈락한 후 해당 업체 대표가 정보공개를 요구하며 격렬하게 항의한 적이 있었습니다. 대표를 만나 상황을 설명하고 이해를 구한 후 상황이 종료된 줄 알았는데 어느 날 업체 대표에게 전화가 왔습니다. 내용은 옆

입찰 기술평가는 조달청을 통하거나 해당 기관에서 직접 진행하기도 한다. 출처: 조달청

과에서 비교적 큰 예산 규모의 입찰이 있는데 도와달라는 이야기였습니다. 입찰을 도와달라는 얘기는 적절하지 않은 것 같다며 단호하게 거절했고 그때부터 그의 본격적인 마타도어가 시작됐습니다.

  물론 문제가 될 만한 일이 없었고, 일개 과장에 불과한 저에겐 별다른 불이익이 없었지만, 당시 차관 자리에 입길이 오르던 제 상사 한 분은 전혀 사실이 아닌 그의 헛소문에 영향을 받아 낙마한 것 같다는 어이없는 이야기를 들은 적이 있었습니다. 혹시 높은 자리에 있는 누구를 알고 있고, 골프를 치느냐고 묻고, 콘도 회원권이 있으니 필요하면 말하라는 등 아직도 80년대식 영업을 하는 사람이 있다면 그와는 거리를 두는 게 여러모로 바람직합니다.

'광고 매체의 조상' 옥외광고

오늘날 정책소통의 방식은 단순한 보도자료 배포나 홈페이지 공지에서 벗어나 점점 더 시민의 일상에 자연스럽게 스며드는 방식으로 진화하고 있습니다. 그중에서도 옥외광고는 물리적 공간에서의 정보 전달이라는 점에서, 대중과의 접점을 넓히고 정책을 효과적으로 전달할 수 있는 유용한 수단으로 주목받고 있습니다.

소통 매체 중에 가장 보편적이면서 오랜 역사를 가진 매체가 바로 옥외광고입니다. 매체 분류체계에서는 집안에서 보는 TV, 신문 등과 다르게, 가정 밖에서 접하는 모든 광고매체를 포괄적으로 지칭하는 의미에서 옥외광고를 학술적으로 OOH(Out Of Home advertising)라고 부르기도 합니다. 이미 고대도시에서 벽화, 비석, 간판 등을 활용해 상품을 알리거나 공공정보를 전달했다고 하니 옥외광고는 가히 광고 매체의 조상이라 할 만합니다. 다만 당시에는 문자가 발달하지 못하고 문맹률이 높았기 때문에, 텍스트보다는 상징적인 아이콘이나 그림이 자주 사용되었습니다. 빵집은 빵을 그리고 술집은 술잔 이미지를 사용하는 방식으로 말이죠. 장소의 측면에서는 교통수단이 발달하면서 역, 정류장 등 사람이 많은 곳에 주로 설치되었고, 개인 차량이 늘어나면서부터는 도로변에도 옥외광고판이 설치되기 시작했습니다.

정책소통에서 가장 일반적으로 쓰이는 옥외광고는 현수막과 포스터, 전광판 등이 있습니다. 특히 현수막은 간결한 메시지를 통해 주목도를 높일 수 있어 주로 선거나 시민 생활에 직접적인 연관이 있는 정책을 알리는 데 주로 활용되고 있습니다. 하지만 ESG 시대에 환경 측면으로나 도시 미관상으로나 무분별하게 부착되는 현수막은 시대 흐름에 역행하는 소통방식이기도 합니다. 주요 포스트에 전광판을 설치하는 방법이 환경과 미관에 더해 비용적인 측면에서도 더 효과적일 수 있습니다.

'힙한' 옥외광고

ICT^{Information & Communication Technology} 발전에 따라 옥외광고도 큰 변화를 맞이하는데, 대표적인 매체가 바로 전광판입니다. 특히 전광판은 디지털 사이니지로 변모하면서 정책소통 분야에서도 '힙한' 홍보매체로 떠오르고 있습니다. 디지털 사이니지^{Digital Signage}란 공공장소에 설치된 전자 화면을 통해 영상, 이미지, 텍스트 등의 콘텐츠를 송출하는 시스템입니다.

대체로 LCD, LED 디스플레이를 사용하며, 광고뿐만 아니라 공공정보, 재난안내, 정책 캠페인 등 다양한 내용을 담을 수 있습니다. 특히 실시간으로 내용을 교체하거나 시간대별로 다른 메시지를 송출할 수 있다는 점에서 정책소통에 매우 적합한 매체입니다.

이러한 특성을 적극 활용해 정책홍보를 진행하고 있는 대표적인 사례로 서울시를 들 수 있습니다. 서울시는 시청사, 지하철 역사, 버스정류장 등 유동인구가 많은 장소에 디지털 사이니지를 설치하고 '서울 스마트보드'라는 이름으로 운영 중입니다. 이 보드를 통해 시민들에게 날씨나 미세먼지 정보, 대중교통 안내뿐 아니라 서울시의 주요 정책홍보영상을 상

세로형 전광판으로 바꾸고 양방향 소통을 강화해 서울시와 시민이 함께 만드는 시민게시판으로 운영하고 있는 서울시 스마트보드.
출처: 서울특별시

영하고 있습니다. 예를 들어, 따릉이 이용을 장려하는 영상이나, 재난 대비 행동 요령을 담은 콘텐츠가 정해진 시간에 자동으로 송출되도록 프로그램되어 있습니다.

문체부 역시 디지털 사이니지를 정책소통에 적극 활용하고 있습니다. 대표적인 사례로는 문체부가 '지자체 관광경쟁력 개선 지원 사업'의 일환으로 진행한 부천시 스마트 관광안내판 사업을 꼽을 수 있습니다. 이 사업은 지역 내 관광객과 시민을 대상으로 정책 및 생활정보를 효과적으로 전달하기 위해 기획한 것인데, 문체부는 부천시에 국비를 지원했고 한국관광공사와 함께 콘텐츠와 시스템 기획을 함께 진행했습니다. 부천시는 태양광 전력으로 작동하는 디지털 사이니지를 주요 관광지에 설치하고, 그 화면을 통해 관광안내, 버스정보, 미세먼지 현황 등 다양한 생활정보를 제공했습니다. 특히 이 시스템은 부천시의 스마트시티 인프라와 연동되어 있어, 단순한 홍보수단을 넘어 도시의 공공정보 통합창구 역할을 하도록 설계되었습니다. 정책, 정보, 관광이라는 세 축을 융합한 이 사례는 디지털 사이니지를 지역 맞춤형 공공커뮤니케이션 수단으로 확장한 좋은 예로 평가받고 있습니다.

행정안전부도 '국민안전 디지털 정보게시판'을 통해 재난안전 정보를 실시간으로 송출하고 있습니다. 이 시스템은 기상청, 소방청 등과 연계되어 있으며, 태풍이나 미세먼지, 한파 특보가 발효될 경우 즉시 해당 내용을 게시판에 노출합니다. 전국의 시청, 군청, 주민센터, 경찰서 등 약 1,000여 곳에 설치해 두고, 긴급 상황에서 신속한 정보전달 수단으로 활용하고 있습니다.

디지털 사이니지는 정책소통의 관점에서 몇 가지 장점을 갖고 있습니다.

첫째, 정보의 접근성이 뛰어납니다. 불특정 다수가 오가는 공간에 설치되어 있으므로, 홈페이지나 SNS보다 더 폭넓은 대중에게 다가갈 수 있습니다.

둘째, 즉각적인 정보 갱신이 가능하다는 점에서 위기상황 대응에 유용합니다. 날씨 변화나 안전 경보 같은 실시간 정보는 다른 매체보다 빠르게 반영할 수 있습니다.

셋째, 시각적이고 동적인 콘텐츠를 활용할 수 있기 때문에, 단순한 텍스트보다 주목도와 이해도가 높습니다.

넷째, 디지털 사이니지는 시간대, 장소별로 맞춤형 콘텐츠 송출이 가능하므로, 특정 정책이 필요한 대상에게 집중적으로 메시지를 전달할 수 있습니다.

다만, 효과적인 정책소통 수단으로 활용하기 위해서는 몇 가지 고려할 점도 있습니다.

사이니지 콘텐츠는 단순히 광고처럼 보여선 안 되며, 정책의 의도와 시민의 관심을 동시에 반영해야 합니다. 영상과 이미지 중심의 콘텐츠 제작이 필요하며, QR코드나 단문 링크를 활용해 시민이 더 많은 정보를 탐색할 수 있도록 연계하는 방식도 필요합니다. 또한 콘텐츠의 정기적인 갱신과 피드백 관리도 중요합니다. 오래된 정보나 시의성이 떨어진 메시지는 오히려 시민의 신뢰를 떨어뜨릴 수 있기 때문입니다. 광화문 역사박물관 외벽에 설치된 3D 디지털 사이니지를 예로 들 수 있습니다. 해당 사이니지는 3D전용 매체이지만 3D콘텐츠 제작비용이 커서 결국 한번 만든 콘텐츠가 계속 상영되거나 2D 콘텐츠를 노출시켜 오히려 부정적인 이미지를 만들기도 했습니다.

    디지털 사이니지는 단순한 정보 전달 도구가 아니라, 시민의 생활 공간 속에서 정책을 경험하고 공감하게 만드는 커뮤니케이션 플랫폼으로 진화하고 있습니다. 특히 코로나19 이후 비대면 소통 수요가 커진 상황에서, 공공부문이 디지털 사이니지를 전략적으로 활용한다면 더 많은 국민에게 더 빠르고 정확하게 정책을 전달할 수 있을 것입니다.

3D전용 매체에 같은 콘텐츠가 계속 상영되거나 2D 콘텐츠를 노출시키면 오히려 부정적인 이미지를 만들 기도 한다. 광화문 역사박물관 외벽에 설치된 3D 디지털 사이니지.
출처: 정책브리핑

뭉쳐야 산다

우리 정부는 다양한 매체를 직접 보유하거나 산하기관을 통해 운영하며 정책 정보를 국민에게 전달하고 있습니다. 대표적으로 문화체육관광부 산하의 KTV 국민방송, 국방부의 국군방송, 도로교통공단의 TBN교통방송, 소상공인시장진흥공단의 소상공인방송, 그리고 국회사무처가 운영하는 국회방송(NATV) 등이 있으며, 그밖에 중소기업 제품 판로 확대와 유통 공정화를 목적으로 설립된 공영홈쇼핑도 있습니다.

이 외에도 각 부처 및 산하기관은 다양한 정책홍보 매체를 보유하고 있습니다. 예를 들어, 정부청사 옥외 디지털 사이니지, 실내 디스플레이, 정부 간행물, 정책브리핑 웹사이트, 보도자료 배포 시스템 등이 있죠.

이러한 정부 보유 매체는 각 부처의 정책 목적과 행정 정보 전달을 위해 존재하지만, 현재 그 운영 구조에는 여러 문제점을 보여주고 있습니다.

첫째, 매체 수가 지나치게 많고 부처별로 분산 운영되면서 중복과 비효율이 발생하고 있습니다. 예를 들어, 소상공인시장진흥공단의 소상공인방송과 KTV에서 송출되는 소상공인 관련 콘텐츠는 유사한 내용을 반복하는 경우가 많아 예산 낭비와 국민의 혼란을 유발할 수 있습니다.

둘째, 각 매체의 기능과 역할이 명확히 구분되지 않고, 콘텐츠 기획과 편성 또한 연계되지 않아 정책 메시지가 일관되지 않게 전달되는 구조적 한계가 존재합니다.

셋째, 대부분의 정부 보유 매체는 정량 중심의 성과 평가 체계만을 운용하고 있으며, 콘텐츠 품질에 대한 국민의 반응이나 정책 이해도 향상에 대한 평가가 체계적으로 이루어지지 않고 있는 것이 현실입니다.

1952~1994년까지 전국의 모든 극장에서는 대한뉴스를 영화 상영 전에 의무 상영해야 했다.
출처: KTV 영상 캡처

　이러한 문제점을 해소하기 위해서는, 정부 보유 매체 전반을 KTV 국민방송을 중심으로 통합하고 재편하는 전략이 필요합니다. KTV는 1948년 대한민국 정부 수립 후 공보처 공보국 영화과를 전신으로 하고 있습니다. 극장에서 영화 상영 전에 나가는 '대한뉴스'를 주로 만들었죠.
　이후 케이블TV가 도입된 이후 1995년 '한국영상 K-TV'라는 이름의 채널에서 한국정책방송, KTV 국민방송으로 이름을 바꾸며 지금까지 이어져 오고 있습니다.
　KTV는 실질적인 정책 전문 방송으로 공공정보 전달 기능을 수행할 수 있는 중심 플랫폼으로 자리 잡고 있으며, 이를 허브로 하여 기존의 정부 보유 매체와 정책브리핑 영상 콘텐츠 등을 하나의 편성 체계로 통합할 경우, 콘텐츠의 중복을 줄이고 정책 커뮤니케이션의 전달력을 높일 수 있습니다. 각 부처는 KTV 내에서 공동 기획·제작 파트너로 참여하며, 주제별 공동제작 체계를 마련함으로써 행정 효율성도 함께 제고할 수 있습니다.

제 생각에는 적어도 현재 산발적으로 흩어져 있는 예산을 통합해 규모의 경제를 실현하는 것만으로도 채널 경쟁력과 콘텐츠 제작 볼륨을 키울 수 있을 것으로 봅니다.

이와 같은 개편은 국내 사례뿐 아니라 해외의 국영 매체 운영 구조에서도 유사한 시사점을 얻을 수 있습니다. 미국의 경우 PBS(Public Broadcasting Service)가 대표적인 국영 방송 네트워크로, 연방정부와 주정부의 지원을 받으며 공익 목적의 교육, 교양, 문화 콘텐츠를 제작·방영하고 있습니다. 특히 PBS는 광고 수익에 의존하지 않고, 후원금 및 정부 보조금을 통해 독립적이면서도 비상업적인 프로그램을 지속적으로 제작하고 있습니다. 정부가 전면에 나서지 않으면서도 공공성을 유

지하는 구조가 특징이며, 각 지역의 소속 방송국이 자율적으로 편성할 수 있도록 설계되어 있어 중앙-지역 간 연계 운영의 좋은 사례로 평가받고 있죠.

또한 독일의 피닉스^{Phoenix} 채널은 국영 방송의 형태로, 정치·의회·시사 프로그램 중심의 편성을 통해 정부 정책과 의회의 주요 논의를 생중계하고 해설하는 방송을 운영합니다. 이 채널은 공공 소통의 장으로 여야 간 균형을 유지하며, 국민의 알 권리를 충족시키는 데 중점을 두고 있습니다.

이처럼 해외 주요국의 국영 매체는 공공성·중립성·정보 접근성을 균형 있게 고려하며 운영하고 있습니다. 우리나라 역시 이와 같은 국영 매체 운영 원칙을 참고하여, 정부 매체를 단순한 홍보 수단이 아닌, 국민과의 정책적 상호작용을 가능하게 하는 플랫폼으로 발전시켜야 합니다.

정부 보유 매체와 정책 브리핑 영상 콘텐츠 등을 하나의 편성 체계로 통합할 경우, 콘텐츠의 중복을 줄이고 정책 커뮤니케이션의 전달력을 높일 수 있다.

다만 국회방송은 행정부 소속이 아닌 입법부 산하기관으로서, 그 독립성과 정치적 중립성을 유지한 채 현재의 구조를 유지하는 것이 바람직할 것입니다. 국회 활동의 투명성을 확보하고 국민이 입법과정을 쉽게 이해할 수 있도록 하기 위한 기능은 정부 매체와는 다른 차원의 소통방식이기 때문이죠.

한 가지 아쉬운 점은 사법부를 알리는 공익 채널이 없다는 점입니다. 사법부 역시 행정부·입법부와 마찬가지로 국민에게 투명하고 이해하기 쉬운 사법 행정 정보를 제공하기 위해 자체적인 국영 매체를 마련할 필요가 있습니다. 현재 사법부는 보도자료나 공식 홈페이지를 통해 정보를 제공하고 있으나, 주요 판례 해설, 재판 제도 설명, 국민참여재판 사례 등 다양한 콘텐츠를 영상화하고 국민과의 소통을 강화하기 위한 자체 방송 또는 디지털 채널 운영이 필요할 것으로 봅니다. 이는 사법의 권위성을 해치지 않으면서도 국민에게 좀 더 다가가 신뢰를 회복하고 사법절차에 대한 이해도를 높이는 데 기여할 수 있지 않을까요?

결론적으로 말하면 정부 보유 매체는 단편적인 정보전달 채널을 넘어, 국가 행정 전반에 대한 국민의 신뢰를 높이고 참여를 유도하는 공공 커뮤니케이션 자산으로 재구성할 필요가 있습니다. KTV를 중심으로 한 통합 플랫폼 전략, 국회방송의 독립성 유지, 사법부 매체의 신설, 정책 커뮤니케이션의 일관성 확보, 그리고 해외 국영매체 운영 방식의 벤치마킹을 통해, 정부 매체는 보다 체계적이고 국민친화적인 방향으로 발전할 수 있을 것입니다.

제2부

현장의 눈으로 본 정책소통 실무

무엇을 어떻게 말할 것인가: 메시지 전략

정책소통에서 메시지는 단순한 정보 전달 이상의 의미를 지닙니다. 정책의 본질과 목표를 효과적으로 설명하고, 공공의 신뢰를 얻으며, 행동 변화를 유도하는 데까지 영향을 미치기 때문입니다. 따라서 메시지를 어떻게 기획하고 전달하느냐에 따라 정책에 대한 수용도와 반응이 달라질 수 있습니다.

정책 메시지는 명확성, 일관성, 공감성의 세 가지 핵심 요소를 갖추어야 합니다.

명확성은 정책 내용의 오해를 줄이고, 일관성은 신뢰를 구축하며, 공감성은 수용자와의 정서적 연결을 강화합니다. 메시지 전략은 보통 다음의 단계를 따릅니다.

1단계: 정책 목표와 핵심 가치 정리

2단계: 주요 이해관계자별 수용자 분석

3단계: 채널별 특성에 따른 메시지 변형

4단계: 시의성 있는 메시지 타이밍 고려

메시지 작성에도 몇 가지 방법이 있습니다. 첫 번째는 수용자와의 감정적 연결입니다. 메시지가 수용자의 관심사, 두려움, 또는 희망을 직접적으로 다룰 때 공감을 형성할 수 있습니다. 두 번째는 행동 가능성 제시입니다. 메시지는 단순히 정보를 전달하는 데 그치지 않고, 행동을 구체적으로 제안해야 합니다. 세 번째는 사회적 증거 활용입니다. 참여자들의 사례를 공유하거나 유명 인사를 활용해 동참 분위기를 조성하는 기법입니다. 몇 가지 사례를 짚어보겠습니다.

1. 식품의약품안전처 – '안심 순간' 캠페인

2024년 식품의약품안전처는 국민과의 정서적 연결을 강화하기 위한 전략으로 '안심 순간'이라는 캠페인을 기획하였습니다. 이 캠페인은 단순한 정책홍보를 넘어, 국민 각자가

'안심 순간' 캠페인은 단순한 정책홍보를 넘어, 국민 각자가 느낀 '안심의 순간'을 사연으로 받아 콘텐츠로 재구성하는 방식으로 진행됐다.
출처:식약처 홈페이지

느낀 '안심의 순간'을 사연으로 받아 콘텐츠로 재구성하는 방식으로 진행되었는데 온라인에서 수집한 사연 중 다섯 편을 선정하여, 이를 바탕으로 영상 콘텐츠를 제작하였고, 이 영상을 유튜브와 SNS 채널을 통해 확산시켰습니다. 식약처는 이 과정에서 단순한 정보 전달이 아니라, 국민의 감정과 일상을 중심에 둔 스토리텔링 기법을 효과적으로 활용하였습니다. 이 캠페인은 2024년 제 2회 한국공공브랜드대상 브랜드 커뮤니케이션 부문 '대상' 수상을 포함해 총 4관왕을 수상하며 정책 메시지 콘텐츠로서 높은 평가를 받았습니다. 이 사례는 '정책을 말하는 방식'이 아니라 '정책이 국민의 삶에서 어떻게 작동하는지를 보여주는 방식'이 얼마나 효과적인지를 잘 보여준다는 평가를 받았습니다. (출처: 식약처 보도자료)

2. 통일부 – 카트라이더 게임 내 정책 메시지 삽입

2005년 통일부는 청소년과의 소통을 강화하기 위한 이색적인 시도를 했습니다. 온라인 레이싱 게임인 '카트라이더'에 통일 관련 문구와 디자인을 삽입하는 게임 PPL(간접광고) Product Placement 캠페인이었는데 게임 내에서 유저들이 통일을 상징하는 그래픽이 적용된 차량과 트랙을 사용하게 하는 것이었습니다. 일부 맵에서는 '평화의 질주'와 같은 문구가 자연스럽게 등장하기도 했죠. 이 캠페인은 게임이라는 플랫폼을 통해 기존의 정부 홍보 방식으로는 접근하기 어려웠던 청소년층에게 통일 메시지를 비강제적이고 친숙한 방식으로 전달했다는 점에서 주목할 만합니다. 실행 초기 한 달 동안 43,000명 이상의 유저가 관련 맵을 플레이하며 높은 반응을 보였고, 이후 유사한 정책 커뮤니케이션 기법의 확장 가능성을 열었습니다. (출처: 정책브리핑 2005년 12월 2일)

게임이라는 플랫폼을 통해 기존의 정부 홍보 방식으로는 접근하기 어려웠던 청소년층에게 통일 메시지를 비강제적이고 친숙한 방식으로 전달했다.
출처:통일부 홈페이지

3. 외교부 – 드라마 PPL을 활용한 APEC 홍보

2005년 APEC 정상회의를 앞두고, 외교부는 국민에게 외교 정책과 다자외교의 중요성을 효과적으로 전달하기 위해 대중 드라마 속 간접 노출 전략^{PPL}을 활용하였습니다. 외교관이 주인공으로 등장하는 드라마 두 편에 외교부 로고, 정책 포스터, 그리고 회의 장면 등을 자연스럽게 삽입한 것이죠. 특정 장면에서는 APEC 관련 문서를 정리하는 외교관의 모습이 등장하거나, APEC이 대한민국의 국제적 위상에 어떤 역할을 하는지를 언급하는 대사도 포함되었습니다. 이 방식은 시청자에게 외교정책을 강요하지 않으면서도, 드라마라는 문화 콘텐츠를 통해 자연스럽게 정책을 인지하게 만든 사례로 평가할 수 있습니다. 특히 외교라는 주제가 일반 국민에게는 다소 거리가 있는 이슈인 만큼, 접근성을 높이는 데 효과적이어서 이후에는 PPL방식을 넘어서 아예 드라마의 배경과 소재를 전부 활용하는 사례가 나오기도 했습니다.

(출처: 정책브리핑 2005년 12월 2일)

이들 사례는 모두 "정책 메시지"를 단순히 일방향으로 전달하는 것이 아니라, 어떤 콘텐츠 안에서 어떻게 이야기로 구성해 소비자에게 닿는가가 성패를 좌우한다는 점을 보여줍니다. 특히 2020년대 이후의 성공적인 정책소통 메시지는 몇 가지 측면에서 공통적 특성을 갖고 있습니다. 첫째, 대상 맞춤형 채널 선택이 중요하다는 점입니다. SNS나 게임, 드라마처럼 정책 수용자가 자발적으로 접속하는 채널을 선택함으로써, 메시지에 대한 반감 없이 자연스러운 수용을 유도합니다. 둘째, 감정과 연결되는 서사 구조로 효과를 높입니다. 식약처의 사례처럼 개인의 경험과 감정을 매개로 메시지를 전달하면 정책의 추상성이 줄어들고 실생활과의 연결감이 늘어납니다. 셋째, 무엇보다 정책이 일상에 녹아들도록 만드는 설계가 핵심입니다. 이를 통해 국민은 정책을 '정부의 일'이 아니라 '내 삶에 영향을 주는 일'로 인식하게 할 수 있습니다. 이러한 접근 방식은 정책소통 실무자에게 단순한 문장력 이상의 전략적 사고와, 대상자 중심의 메시지 설계 능력이 요구된다는 점을 잘 말해줍니다.

7가지 기법

나이가 들어서 그렇기도 하고, 학창시절 그리 열심히 공부를 하지 않았기 때문이기도 한데 어쨌든 대학 때 들었던 수업 내용이 이제는 대부분 기억에 남아있는 게 별로 없습니다. 간혹 생각나는 몇 가지가 있는데 대표적인 것이 설득 커뮤니케이션 수업에서 들었던 선전 전략입니다.

1937년 미국의 선전분석 연구소가 펴낸 "The Fine Art of Propaganda"라는 책에서는 주로 선거에서 활용되는 정치커뮤니케이션의 선전 전략으로 7가지 선전 기법을 설명합니다.

주로 선거 때 많이 사용하고 있는 전략이라 정책소통에서 직접 활용하기에 적합하지 않을 수도 있지만, 여전히 현실 사례에서 응용할 만한 내용이 있어서 소개합니다.

1. name calling (매도하기. 딱지붙이기)

상대 후보자가 추종자들에게 강렬한 증오의 대상이 되는 이름을 붙여 공격하는 것, 즉 증거와 관계없이 어떤 관념을 거부하거나 비난하도록 만드는 데 사용됩니다. '문재인은 빨갱이', '국힘은 내란집단'등이 대표적이죠. 그밖에 '테러리스트', '차별주의자', '정치철새' 등이 name calling의 사례입니다.

2. glittering generalities(미사여구)

듣기 좋은 말로써 어떤 것을 연상시키는 미사여구를 사용하여 상대방의 주장이나 가치를 저하시키는 수법. 즉 증거 사실을 조사하지도 않고 어떤 것을 받아들이거나 인정하도록 만드는 데 사용됩니다. 미사여구는 자주 이용되고 있지만 거의 인식하지 못합니다. '복지사회 건설', '지상낙원 실현', '실업자 일소' 등의 용어에 의한 정치적 약속은 미사여구를 활용한 예에 해당합니다. 광고에서도 미사여구를 활용한 예를 쉽게 찾아볼 수 있는데 아파트 광고에서 흔히 사용하는 랜드마크라는 용어도 이에 해당하죠.

3. transference (전이)

존경받고 숭배되는 어떤 것의 권위, 인기, 명성 등을 끌어들여 선전하고자 하는 것을 쉽게 받아들이도록 하는 기법을 말합니다. 전이는 연상 작용을 통해 발생하며, 연상 작용에 의한 숭배를 목적으로 합니다. 여기서 선전자의 목적은 자신의 아이디어나 제품을 사람들이 숭배하는 어떤 것과 연결시키는 데 있습니다. 예를 들어 태극기로 옷을 만들어 선거유세에 나가는 것, 미국에서는 자유의 여신상, 나이아가라 폭포, 링컨 대통령 등을 전이의 상징으로 자주 사용하고 있는 것을 흔히 볼 수 있습니다. 광고에서도 이 기법은 자주 사용되는데 드라마나 예능 캐릭터를 광고에 그대로 활용함으로써 그들이 지닌 호감이나 친근감을 제품 이미지로 전이시키는 방법입니다.

4. testimonial (증언)

명망 높은 개인이나 단체들의 증언을 통하여 자신을 높이고 상대를 낮추는 방법입니다. 증언기법은 광고나 정치캠페인에서 사용되는 일반적 기법입니다. 유명 연예인이나 스포츠맨이 등장하여 "써보니까 좋은데요"와 같은 발언을 하며 제품의 사용을 권장하고 제품의 질을 보증하는 것은 증언기법에 속합니다.

5. plain folks (서민적 이미지)

대중 시대의 이미지와 걸맞도록 자신을 맞추는 방식으로 평범한 이미지를 차용하여 유권자에게 친근감을 유도하는 방법입니다. 국회의원이나 대통령 후보가 직접 유권자의 집을 방문하고 악수를 한다든지 길거리에서 그들과 이야기를 나누는 것은 연단에 올라가 공식적인 정책연설을 하는 것보다 효과적이라고 할 수 있는데 이는 후보가 서민적 이미지를 가지고 있음을 보여줌으로써 그의 아이디어가 국민의 것이고 대중을 위한 것임을 말해주는 기법입니다. 노태우의 '보통사람들', 시장을 방문해 먹방을 펼치는 정치인 등이 대표적입니다.

6. card stacking (카드 속임수)

전체를 드러내지 않으며 오해받을 만한 사실만을 선별적으로 제시하거나 강조하여 소극적으로 사실을 왜곡하는 수법을 말합니다. 즉 어떤 생각, 계획, 상품, 사람에 대해 최선이나 최악의 사례를 제시하기 위해 사실 또는 거짓, 명확한 설명 또는 혼란스러운 표현, 논리적 진술 또는 비논리적 진술을 선택적으로 사용합니다. 이 기법은 노골적인 거짓말보다는 사실을 사용하여 상대방으로 하여금 공박하기 곤란하게 만듭니다. 예로 책/영화평에 대한 기사, 커피믹스 시장의 성분 논쟁 등이 해당합니다. 이 기법은 매도하기와 마찬가지로 소비자들에게 자극적으로 소구할 수 있으나 그와 함께 반감을 살 위험을 지니고 있습니다.

7. bandwagon (부화뇌동)

우세한 쪽으로 기울어지는 사람들의 심리적 속성을 이용하는 방법입니다. 모든 사람, 적어도 우리들 모두가 그것을 하고 있다는 생각을 주려는 것이 목적입니다. 모든 구성원들이 그의 프로그램을 받아들이고 있기 때문에 그들을 따라서 우세한 쪽으로 서야 한다는 사실을 확신시키고자 합니다. 선거전에서 선거원들이 "승리할 우리 후보에게 투표하세요"라고 하거나 경기에 나선 선수들이 사용하는 공의 비율을 보여주는 타이틀리스트 골프공 광고 등이 이에 해당합니다. 부화뇌동 기법을 활용한 광고에서는 대체로 다수의 소비자가 자사의 제품을 선택하였음을 강조하며 자사 브랜드의 우수성과 대표성을 소구합니다.

(출처: 김정현. 2022. 설득커뮤니케이션의 이해와 활용)

어떤 무기를 쓸 것인가

메시지를 기획할 때 고려해야 할 또 다른 요소는 전달 매체의 특성에 맞는 기획입니다. 동일한 정책이라 하더라도 어떤 매체를 통해 전달하느냐에 따라 메시지의 구성 방식, 표현법, 수용자의 반응은 달라집니다. 매체별로 메시지가 어떻게 설계되고, 어떤 전략이 효과적인지를 이해하는 것은 실무자에게 매우 중요한 감각입니다.

우선 보도자료는 가장 전통적이면서도 여전히 영향력이

있는 매체입니다. 언론에 보도되기 위한 1차 자료로 활용되기 때문에 일반적으로 메시지는 객관성과 사실성을 기반으로 구성됩니다. '정부가 어떤 정책을 추진하고 있다'는 내용을 명확히 전달하는 것이 핵심이며, 수사적 표현보다는 6하 원칙에 충실한 구성과 뉴스 가치 중심의 문장이 중요합니다. 예를 들어 "OO부는 2025년부터 신산업 육성을 위한 정책 지원을 확대한다고 11일 밝혔다"와 같은 문장이 대표적이죠. 보도자료 작성에 대한 내용은 다음 장에서 자세히 설명하겠습니다.

SNS 콘텐츠는 보도자료보다는 훨씬 더 역동적이고 친근한 방식으로 메시지를 전달해야 합니다. 짧고 직관적인 문장, 시각적 이미지, 이모지나 해시태그 등을 활용하여 사용자의 흥미를 끌고, 소통을 유도하는 것이 주된 목표죠. SNS에서는 정보의 완결성보다는 인상과 접근성이 중요합니다. 근엄하고 딱딱한 공식 문장은 SNS에서는 매체에 맞게 재구성해야 합니다. 그래서 많은 정부부처와 공공기관들이 이제는 "정책 요약 알려드려요! #정책브리핑 #청년정책"과 같은 말투를 사용하여, 팔로워의 반응을 유도하는 전략을 택하고 있습니다.

매우 바람직합니다.

홍보영상은 정책 메시지를 이야기로 풀어내는 데 가장 적합한 매체입니다. 주로 공감과 감정적 몰입을 유도하는 데 초점이 맞춰져 있으며, 영상 속 등장인물이나 상황을 통해 정책의 취지를 자연스럽게 드러냅니다. 문체부의 'Find the hidden K-DNA'나 식약처의 '안심 순간' 캠페인처럼, 국민의 실제 사연을 영상으로 재구성하여 정서적 연결을 유도하는 방식이 대표적입니다. 이처럼 영상은 단순한 정보 전달보다는 정책에 대한 '느낌'을 형성하는 데 강력한 효과가 있습니다.

카드뉴스 역시 SNS와 결합된 시각 콘텐츠 형식으로 매우 보편화된 형식입니다. 여러 장의 카드로 정보를 분할하여 한눈에 들어오게 구성하는 것이 특징이며, '하나의 카드에 하나의 메시지'라는 원칙 아래 중요한 정보를 구조화합니다. 정책 변화를 설명하거나 각종 지원제도를 소개하는 콘텐츠는 카드뉴스 형식에서 특히 효과적이죠. 문제 제기, 정보 제공, 정책 설명, 행동 유도까지의 흐름이 시각적으로 쉽게 구성할 수

문체부의 'Find the hidden K-DNA' 영상은 실제 사연을 영상으로 재구성하여 정서적 연결을 유도하였다. 출처: 코리아넷 유튜브

있기 때문입니다.

　보다 심층적인 설명이 필요한 경우에는 블로그나 웹사이트를 활용합니다. 이 매체는 검색 유입을 고려한 구조로 작성되며, 독자의 궁금증을 중심으로 한 질문-답변 방식이나 사례 중심 서술이 효과적일 수 있습니다. 또한 관련 정책이나 자료를 하이퍼링크로 연결할 수 있기 때문에 정보 확장성이 크다는 장점이 있죠. 2023년 고용노동부에서 제작한 "청년내일채움공제란 무엇인가?"와 같은 콘텐츠는 블로그에서 가장

적합한 형식이라고 볼 수 있습니다.

　오프라인 매체는 짧고 강렬한 인상을 남기는 데 초점을 두어야 합니다. 오가는 사람들이 무언가를 집중해서 보기는 쉽지 않습니다. 따라서 전광판, 포스터, 리플렛 등에서는 사람들의 물리적 이동 동선을 고려해 '한 문장'으로 메시지를 각인시키는 것이 핵심입니다. "당신의 정책, 지금 확인해보세요!"처럼 즉각적인 행동을 유도하는 문장을 주로 사용합

고용노동부의 "청년내일채움공제란 무엇인가?" 콘텐츠는 독자의 궁금증을 사례 중심으로 서술하였다.
출처: 고용노동부 홈페이지

니다.

지금까지 언급한 내용을 간단히 표로 정리하면 다음과 같습니다.

매체별 메시지 기획 비교표

매체	표현 방식	핵심 전략
보도자료	사실 중심, 정형 문서	객관성, 뉴스 가치
SNS	짧고 빠른 피드	공감, 반응 유도
홍보영상	시청자 감정 호소	몰입, 스토리
카드뉴스	이미지+텍스트	분할 메시지 전달
블로그/웹	구조화된 장문	질문-답변, 하이퍼링크
오프라인 매체	시각 중심	강렬한 슬로건, 행동 유도

이처럼 각 매체의 수용자의 특성, 상황, 기대 반응에 따라 메시지 구성 방식이 달라집니다. 따라서 정책소통 실무자는 매체별 장단점을 이해하고, 같은 메시지를 각기 다르게 구성할 수 있는 전략적 사고와 표현 기획력을 갖추는 것이 중요합니다.

예를 들면 SNS에서도 플랫폼별 특성에 따라 메시지 전달 방식이 달라야 합니다. 인스타그램은 시각 중심의 간결한 메시지와 해시태그를 활용하고, 유튜브는 내러티브 영상과 인터뷰 기반의 콘텐츠가 효과적입니다. 트위터는 뉴스 속보성 콘텐츠나 공공 캠페인의 실시간 전파에 유리합니다.

단계에 따른 메시지 기획이 어느 정도 마무리되었다면 확인이 필요합니다. 정책 목표에 부합하는 메시지인지, 수용자 맞춤형 언어를 사용했는지, 채널 별 전달 전략이 반영되었는지, 반복적으로 동일한 핵심 메시지를 전달하고 있는 지 등을 점검할 필요가 있습니다.

실무 팁

- 메시지는 가급적 한 문장으로 요약하는 연습을 할 것
- 이해관계자별 맞춤형 표현을 개발할 것
- 채널별 '톤 앤 매너'를 분석하여 콘텐츠를 설계할 것
- 피드백과 여론 반응을 주기적으로 반영할 것

글쓰기에서 영상까지:
콘텐츠 실무 완전정복

　　방송 일을 처음 시작할 때 배우는 것 중 하나가 방송 용어입니다. 제가 방송 일을 시작하던 당시 방송 언어의 기준선 guide line은 중2가 이해할 수 있는 언어를 사용하라는 것이었습니다. (요즘은 기준이 더 올라갔을지도 모르겠습니다.)

　　쉬운 우리말을 쓸 수 있는데 괜히 있어 보이려고 굳이 어려운 한자어를 쓸 필요가 없거니와 제작자가 아닌 시청자의 관점에서 본다면 당연한 생각입니다.

　　정책소통에서도 방송언어와 같이 공공언어가 있습니다. 공공언어란 정부와 공공기관이 정책이나 정보를 국민에게 전달하기 위해 사용하는 언어를 말합니다. 정확하고 명확하며 누구나 이해할 수 있는 표현을 사용하는 것이 핵심입니다.

정책 수용성과 공공 신뢰를 높이기 위해 명료하고 쉽게 전달되어야 하며, 복잡한 전문용어나 권위적 표현을 지양합니다. 특히 정책소통에는 전문 용어, 외래어, 행정용어가 많아 국민이 이해하지 못하는 경우가 발생하며, 이는 정책의 신뢰도를 떨어뜨리는 결과를 가져옵니다.

사료됨? 사료가 된다구요?

요즘 문해력 저하가 심각하다는 뉴스가 심심치 않게 나옵니다. 중식 제공이라는 말이 들어간 가정통신문을 본 학부모가 중식 말고 한식으로 달라고 한다죠. 제가 대학 때 학원 강사 아르바이트를 한 적이 있었는데 학생이 책상에 '수학 선생님은 침외(당연히 치매를 말한 거였겠죠)'라고 적어놓은 낙서를 보고 헛웃음을 지었던 적도 있었습니다. 공직사회 뿐만 아니라 대학 리포트에서 볼 수 있는 '…할 것으로 사료됨'이라는 표현을 보시거나 직접 써보신 분들 계실 겁니다. 사실 이

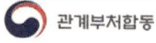

"정부, 소상공인 활력 제고 및 골목상권 육성을 위한 민생 토론회 개최"

- 배달앱 수수료 완화·모바일 상품권 개선 등 **두터운 소상공인 지원**으로 온기 회복
- 일회용컵 사용 과태료에 대한 사업자 면책 조항 명확화·불법 온라인 광고 피해 방지·노쇼 피해 예방·악성리뷰 등 **소상공인 생업 피해 구제 강화**
- 상권 기획자·발전기금·투자조합 등 **민간주도** 상권 3종 세트 신규 도입과 로컬 콘텐츠 활용을 통한 **지역상권 활성화** 방안 등 논의

정부는 12.2일(월), 충남 공주시의 아트센터 고마에서 「소상공인·지역상권 민생토론회 : "다시 뛰는 소상공인·자영업자, 활력 넘치는 골목상권"」을 개최하였다.

말은 '…할 것으로 봄' 또는 '…라고 생각함' 정도로 얼마든지 고쳐 쓸 수 있는 문장입니다. 가뜩이나 문해력 수준이 낮아지고 있는 상황에서 아직도 많은 공공기관은 일반 국민이 이해하기 어려운 복잡한 표현을 그대로 사용하고 있습니다. 굳이 문해력 수준을 얘기하지 않더라도 정책에 대한 이해를 목적으로 하는 정책소통 용어라면 당연히 국민의 관점에서 쉬운

표현을 쓸 필요가 있습니다.

공공언어는 정확성, 간결성, 친절성을 기준으로 삼습니다. 가능한 짧은 문장, 능동형 문장, 일상어 사용을 권장하며, 부처 내부의 행정용어나 약어는 설명과 함께 사용합니다. 예를 들어 '사전예방적 대응체계 고도화'라는 문장은 '미리 준비하는 대응체계 강화'로 풀어써야 합니다. 사례를 살펴보죠. 2024년 12월 2일 기재부에서 배포한 보도자료입니다.

제목을 보면 "정부, 소상공인 활력 제고 및 골목상권 육성을 위한 민생토론회 개최"라고 되어 있습니다. 내용으로는 소상공인 지원방안과 골목상권 활성화를 위한 방안들이 들어가 있습니다. 느낌이 어떠세요? 보도자료를 쓴 사람은 '정부가 이런 일을 했다'라는 관점을 가지고, 평소 써왔던 '활력 제고', '상권 육성', '활성화'와 같은 단어를 사용했습니다. 이제 이 보도자료를 바탕으로 쓴 기사들의 제목을 보겠습니다.

배달앱 중개수수료 최대 7.8% 인하…피해구제 넓히고, 상권 활력 높인다(머니투데이)

尹 "영세업자 배달수수료 30% 인하…노쇼에 예약보증금

제 마련"(연합뉴스)

尹 "전통시장 배달수수료 0% 적용·영세업자 30% 인하…'노쇼'에 예약보증금제"(문화일보)

차이가 느껴지시나요? 일단 가장 큰 차이점은 관점입니다. "정부가 이런 일을 했다"가 아니라 "국민들이 이런 혜택을 볼 수 있다"로 표현하면 국민의 입장에서는 정부의 일이 아니고 나와 관련된 일이구나 라는 걸 느낄 수 있습니다. 두 번째는 쉽게 이해할 수 있도록 친절한 설명이 필요하다는 점입니다.

보건복지부는 명절이나 겨울철 한파가 찾아올 때쯤이면 '응급상황 시 행동 요령'을 국민들에게 배포합니다. 몇 해 전 이걸 카드뉴스로 제작하면서 전문용어 대신 '쉽게 설명하기'를 원칙으로 적용한 사례가 있었습니다. '기도 확보'를 '숨길을 열어주세요'로, '심폐소생술'을 '심장이 멈췄을 때 쓰는 응급처치'로 표현했습니다.

그밖에 많이 쓰이는 사례를 몇 가지 들면 '~지속가능한 발전'은 '지속적으로 발전할 수 있는' 으로, '~체계 구축'은 '~

하는 시스템 만들기'로, '보편적 가치 실현'은 '모두가 중요하게 여기는 가치 실현'으로 바꾸는 것이 이해도를 높일 수 있습니다

공공 콘텐츠 작성 시 자주 문제가 되는 표현과 대체 문장의 예시입니다.

선제적 대응체계 구축 → 미리 준비하는 대응체계 만들기
상시 모니터링 체계 마련 → 항상 살피는 체계 만들기
신속한 의사결정 체계 정립 → 빠르게 결정할 수 있는 체계 만들기

문화체육관광부는 '공공언어 개선 가이드라인'을 발간하여 사례 중심으로 문장을 바꾸는 방법을 소개하고 있습니다. 행정안전부도 '쉬운 우리말 쓰기 사전'을 운영하며, 공무원들이 실무에 참고할 수 있도록 돕고 있습니다. 정부부처의 보도자료를 전체적으로 들여다보면 아무래도 담당부처여서 그런지, 이 두 부처의 보도자료가 다른 곳보다 쉽고 실용적으로 쓰인 걸 확인할 수 있었습니다. 2023년에는 국민권익위원회

대상용어	순 화 어	대상용어	순 화 어
가내시	사전 통보	가드레일	보호난간
간석지	개펄	간수	교도관
개서	(기관)신설, 개설	거마비	교통비
내구 연한	사용 가능 연한	노견	갓길
노이로제	신경쇠약	리플	댓글
백 데이터	참고 자료	방카 슈랑스	은행 연계 보험
수의 시담	가격 협의	브로커	중개인, 거간
스마트그리드	지능형 전력망	스피드 건	속도 측정기
시건	잠금	시말서	경위서
시방서	설명서	여입 결의	회수 결정
의료수가	진료비, 치료비	수의 시담	가격 협의
취명하다	울리다	투어 콘서트	순회공연
티오	정원	MOU	업무 협정, 양해각서
행락철	나들이철	스페어	여분
앙케이트	설문조사	포커스	초점

행안부는 국립국어원, 국어학자 및 언론기관 등 관계 전문가들의 심의를 거쳐 600여 개를 선정하여, 국민이 보다 이해하기 쉬운 순화어로 대체하고, 문서결재시스템에서 행정용어 순화어를 검색하고 활용할 수 있는 시스템을 개발했다.
출처: 행정안전부 보도자료

에서도 "어려운 행정용어 줄이기 캠페인"을 통해 지방자치단체 공고문 중 자주 쓰이는 어려운 용어를 일상어로 대체하는 콘텐츠를 제작했습니다. 이 콘텐츠는 SNS에서 긍정적인 반응을 얻었으며, 국민 참여형 공공언어 개선 사례로 주목받았습니다.

'신치'와 '파오차이'

외래어 표기는 어떨까요? 제가 문체부에서 근무하던 시절에 한 국회의원이 문체부에서 발간한 해외홍보용 책자에 김치를 '신치'가 아닌 '파오차이'로 잘못 표기했다고 지적한 적이 있었습니다. 중국어판을 감수한 정부 공식 포털 코리아넷 중국어판 담당 원어민 기자는 신치라는 표현을 정작 중국인들은 이해하지 못한다고 답답해했고, 또 현지의 이해와는 상관없이 옥스퍼드 영어사전에도 나와 있는 것처럼 고유명사인 'Kimchi'로 부르자는 주장과 청원도 있었습니다. 각각 나름대로의 이유와 논리가 있었지만, 당시에는 민감한 이슈여서 결국 발간했던 책자를 모두 폐기하고 파오차이를 모두

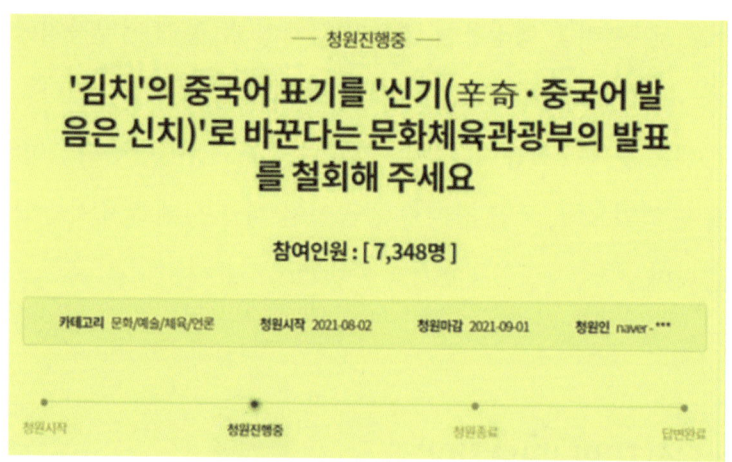

2021년 문체부가 김치의 중국어 번역·표기를 '파오차이'(泡菜)에서 '신치'(辛奇)로 변경하는 훈령을 발표하자 고유명사인 김치에 새 이름을 붙이면 이미 김치를 알고 있는 외국인들에게 혼란을 주고, 김치를 홍보하는 데 사용하는 용어의 일관성 결여로 홍보 효과도 크게 떨어질 것이라며 청와대 국민청원이 올라오기도 했다.

신치로 바꿔 새로 만든 기억이 있습니다.

    언어의 목적은 전달과 이해라고 생각하는 저는 개인적으로 이해하기 힘들었지만 어쨌든 외래어 표기는 공식 표기를 사용해야 합니다. 국립국어원에서는 외래어를 우리말로 바꾼 사용례를 주기적으로 업데이트합니다. 쉽고 빠르게 하려고 포털사이트를 검색하다가는 자칫 실수할 수 있습니다. 포털사이트에서 검색해 틀린 내용을 찾는 것보다 적절한 외래어 표기에 대해 의문점이 생긴다면 국립국어원 사이트를 방문해 확인해 보는 편이 좋습니다.

공공언어 개선을 위해서는 전담부서 지정, 직원 교육, 콘텐츠 사전 점검 프로세스 등이 필요합니다. 또 작성한 보도자료는 반드시 본인이 아닌 다른 사람이 읽게 해 오탈자나 비문이 있는지 확인하는 작업도 필요합니다. 내가 쓴 글에서는 보이지 않는 허점을 다른 눈은 금방 찾아냅니다.

콘텐츠? 콘텐트? 컨텐츠?

국립국어원의 표기가 가장 정확하기는 하지만 때로는 헷갈리는 표현이 더러 있기도 합니다. 저도 이 책을 쓰면서 '콘텐츠'라고 할지, '콘텐트'라고 할지를 두고 망설였습니다. 국립국어원 외래어표기법상으로는 콘텐츠가 맞습니다. 그런데 국어원이 원어 표기로 쓴 것은 'content'가 아니라 'contents'입니다. content는 불가산 명사이기 때문에 s를 붙일 수 없습니다. 예외적으로 쓰이는 contents는 순서나 목차를 의미하는 전혀 다른 뜻입니다.

번호	규정	한글표기	원어표기(로마자 표기)	관련 표기	상세 보기
1	외래어표기법	서랜도스, 시어도어 앤서니	Sarandos, Theodore Anthony J r.	애칭 테드 Ted, / -	상세 보기
2	외래어표기법	콘텐츠	contents	/ 칸텐츠(X),	상세 보기

한글 표기	콘텐츠		원어 표기	contents
관련 표기	이표기	-		
	오표기	칸텐츠(X),		
의미	「명사」 『정보·통신』 인터넷이나 컴퓨터 통신 등을 통하여 제공되는 각종 정보나 유·무선 전기 통신망에서 사용하기 위하여 문자·부호·음성·음향·이미지·영상 등을 디지털 방식으로 제작해 처리·유통하는 각종 정보 또는 그 내용물을 통틀어 이른다.			
관련 조항				

국립국어원 외래어표기법은 원어표기를 content로, 이에 따른 우리말 표기법은 콘텐츠라고 적시하고 있다. 그러나 contents는 순서나 목차를 의미하는 전혀 다른 뜻이다.
출처: 국립국어원 홈페이지

    국어원이 content의 우리말 표기를 콘텐츠로 하기로 정했다면 일견 수긍이 가지만 원어를 contents로 적어두고 이를 우리가 흔히 쓰는 일반적인 의미의 콘텐츠로 정하면 혼선은 불가피합니다. 그래서 일부 언론에서는 콘텐트로 표기하는 곳도 있습니다. 2011년 자장면이 표준어였던 것을 일반적으로 두루 쓰이는 표현이라고 하며 짜장면도 표준어로 인정했던 것처럼 국립국어원에서 정리를 할 필요는 있어 보입니다. 이 책에서는 일단 국립국어원의 외래어표기법을 존중해 콘텐츠로 썼습니다.

실무 팁

- 한 문장은 20자 내외로, 하나의 핵심만 담기

- 행정용어 대신 일상어 사용하기

- 전문가보다 일반 국민 눈높이에서 표현 검토하기

- 혼자 검토하지 말고 동료와 함께 확인하기

- 공공언어지원 누리집 plainkorea.go.kr 등 외부 도구 적극 활용

홍보영상, 카드뉴스, 웹사이트

정책소통 콘텐츠는 목적, 수용자 특성, 전달 채널에 따라 전략적으로 기획되어야 합니다. 가장 많이 활용되는 유형은 홍보영상, 카드뉴스, 그리고 웹사이트죠. 각 콘텐츠 유형별 활용 목적과 장단점은 다음과 같습니다.

정책소통 콘텐츠

콘텐츠 유형	주요 목적	장점	단점
홍보영상	감성적 설득 브랜드 이미지 강화	몰입감 공유 용이	제작비용 시간 소요
카드뉴스	정보 전달 정책 요약	제작 간편 확산 용이	심층 내용 전달 한계
웹사이트	종합 정보 제공 아카이빙	접근성 신뢰성	유입 유도 필요

정책 콘텐츠 제작의 시작은 기획서 작성에서부터입니다. 기획서는 제작 목적, 핵심 메시지, 수용자 분석, 콘텐츠 형식, 배포 채널을 포함해야 합니다. 기획서에선 '왜', '무엇을', '어떻게' 만들지를 명확히 해야 합니다. 기획서에는 다음과 같은 항목이 포함되어야 합니다.

1) 배경 및 목적
2) 콘텐츠 주요 메시지
3) 타깃 분석
4) 형식 및 채널
5) 일정 및 제작비
6) 성과지표

각 콘텐츠 유형별로 제작 프로세스는 차이가 있습니다. 여기에 이해관계자 조율, 예산 확보, 일정 관리 등이 필수적으로 들어가야 합니다. 일반적인 콘텐츠 유형별 제작 단계는 아래와 같습니다.

- 홍보영상: 기획 → 시나리오 작성 → 촬영 → 편집 → 배포
- 카드뉴스: 기획 → 텍스트 구성 → 시안 디자인 → 수정 보완 → 게시
- 웹사이트: 기획 → 정보 구조 설계 → 디자인 → 개발 → 오픈 및 유지보수

이와 같이 단계별로 과업이 진행되는 과정에서 정책소통 실무자들은 정책 내용의 난해함과 전달 방식의 제한, 자원 부족 등의 문제를 겪습니다. 이렇게 다양한 문제를 실무자가 혼자 힘으로 직접 해결하기는 매우 어렵습니다. 이럴 때는 필요에 따라서 외부 전문가 협업, 사전 타깃 리서치, 민관 협업 시스템 등을 적절하게 활용할 필요가 있습니다.

2023년 국가보훈부가 빙그레와 협업해 만든 학생 독립운동가의 졸업식은 민관이 협력한 대표적인 사례입니다. 이 캠페인에서 국가보훈부는 학생독립운동가 자료를 제공하였고, 평소 독립유공자 후손을 위한 장학사업 등에 많은 관심을 가졌던 빙그레의 지원을 받은 제작사 'D-1'은 학생 독립운동가의 옛 사진을 AI기술로 복원해 가족과 후손들이 참석한 가운데 이들의 졸업식을 열어준다는 콘셉트로 영상을 만들었습니다. 광복절에 맞춰 런칭한 이 영상은 별도의 매체비 없이

국가보훈부와 빙그레는 독립운동에 참여했다는 이유로 처벌을 받은 전국 60여 개 학교 596명의 학생독립운동가를 기억하기 위해 AI기술을 통해 이들이 졸업식에 참석해 졸업장을 받는 영상을 제작했다.
출처: 빙그레 유튜브채널

도 언론과 누리꾼 등의 폭발적인 관심을 끌며 1천만이 넘는 조회 수를 기록하였고, 각종 광고제에서 25번의 수상 이력을 남겼습니다.

입찰이나 사업설명회 등에서 만난 전문가 풀을 적극적으로 활용하는 방법도 있습니다. 또 문체부 소통실에서는 각 부처의 주요 국정과제 홍보에 대한 컨설팅을 지원해주기도 합니다. 혼자 힘으로 해결이 어려울 때 주변을 꼭 둘러보시기 바랍니다.

'충주맨'을 키운 사람은?

충주맨으로 알려진 충주시 홍보담당 주무관의 인터뷰를 보면 이런 내용이 나옵니다. "충주시 유튜브의 성공 비결은 무엇인가요?", "윗분들이 신경을 쓰지 않아서요!"

제 생각에도 맞는 말입니다. 사실 저는 개인적으로 충주시 유튜브의 성공 비결은 담당 주무관에게도 있지만 어떤 콘텐츠이건 용인하고 지켜봐 줬던 충주시장의 공도 크다고 생각합니다. "충주사과를 홍보하라고 한다. 각 지역 유명한 사

각 지역 유명한 사과를 모아서 블라인드 테스트를 한 후 그 결과 가장 맛있는 사과가 충주 사과가 아니라고 말하는 충주시 김선태 팀장의 콘텐츠는 B급 감성을 선호하는 마니아층의 폭발적인 관심을 불러일으켰다.
출처: 충주시 유튜브

과를 모아서 블라인드 테스트를 한다. 가장 맛있는 사과는… 어? 충주사과가 아니네"라고 천연덕스럽게 말하는 시 홍보담당자를 이해할 수 있는 '윗분'들이 과연 얼마나 있을까요?

 정부부처나 지방자치단체, 공공기관과 함께 일하는 광고, 홍보 실무자들이 일할 때 가장 스트레스를 받는 부분이 이른바 '잘알못(잘 알지 못하는 사람)'의 존재 때문입니다. 문제는 우리와 함께 일하는 윗분들 중에서 이 '잘알못'이 적지 않다는 거죠. 그런 분들은 왜 충주맨처럼 못하느냐고 실무자들에게 핀잔을 주면서 급기야 본인이 직접 아이디어를 내곤 합니다. 일을 잘 알지 못하는 사람들이 아는 척하면서 이것저것 훈수를 두기 시작하면 애초의 기획의도나 애써 다듬어놓은 크리에이티브는 산으로 가게 됩니다.

    1부에서도 말씀드렸지만, 여러분이 만약 정책소통 전문가가 아니라 순환보직을 거치는 과정에서 이 업무를 맡은 거라면 적어도 크리에이티브에 관여해서는 안 됩니다. 여러분에게 열심히 아이디어와 구성에 대해 설명하는 업체 관계자는 해당 업무에 있어서는 전문가입니다. 대신 여러분이 잘할 수 있는 일을 하면 됩니다. 업체 사람들은 정책이나 사업의 목적이나 경과, 효과 등에 대해 자세히 알지 못합니다. 어떤 사람들을 대상으로 해야 하는지에 대해서도 여러분의 조언이 필요합니다. 다만 경계할 건 타깃 설정을 하면서 언제나 대상이 모든 대한민국 국민이라고 말하지는 말아야 한다는 것입니다.

타깃의 범위와 효과는 반비례

기획에서 가장 많은 사람들이 범하는 오류가 바로 타깃 설정입니다. 타깃이 넓으면 맞추기는 쉽겠죠. 하지만 효과는 분산되기 마련입니다.

예전 언론사에서 SP물을 만들 때 지방자치단체를 방문하면 거의 비슷하게 나오는 말이 있습니다. "우리 이것도 유명한데…", "이것도 넣어야 하는데…" 이러다 보니 대부분 지방 홍보물의 경우 무얼 말하는지 모르고 뻔한 내용을 나열하는

정부공식 다국어포털 '코리아넷' 기자들이 남해를 촬영하고 있다. 이 기획은 외국인이 관심을 끌 수 있는 숨은 여행지 발굴을 목표로 타깃을 세분화했다.

형식의 콘텐츠를 만들 수밖에 없습니다.

메시지 전달력을 극대화하기 위해서는 타깃을 최대한 좁혀야 합니다. 그런데 기획안을 작성하는 사람들의 타깃을 보면 대부분이 전 연령대를 포괄하거나, 최신 흐름이라고 생각해 MZ세대를 중심으로 한다는 내용이 많습니다.

정책소통의 대상이 되는 타깃은 어느 연령층일까요? 정책소통 실무자들이 대행사나 제작사에 의뢰할 때 가장 많이 이야기하는 타깃은 전 국민입니다. 물론 전 국민에게 알릴 수 있으면 가장 좋겠지만 이는 현실적으로 불가능합니다.

제가 가끔 정책소통 관련 특강을 하면 물어보는 질문이 있습니다.

"지금까지 봤던 정책소통 캠페인이나 정부광고 중에서 기억에 남는 게 있느냐"는 질문입니다. 대부분은 기억하지 못하고, 일부 기억하는 사람들도 특이한 출연자나 스토리 정도를 기억할 뿐입니다. 타깃이 넓어질수록 전달력은 떨어집니다. 따라서 전 국민을 대상으로 하는 타깃은 이상적이지만 공허합니다. 타깃을 좁히고 이들을 통해 확산시키는 방법이 바람직합니다.

지금 말씀드린 이런 주장들이 힘을 얻자, 그다음으로 나타난 현상이 MZ세대를 주요 타깃으로 하는 캠페인과 광고 기획이었습니다. 최근에는 그 흐름이 알파세대로 이전하고 있습니다. 이들의 바이럴 효과 때문이죠. 하지만 바이럴 효과는 특정 세대의 전유물이 아닙니다. 일반적으로 소프트한 내용은 젊은 세대에서 나이 든 세대로 전파되고, 신뢰도가 필요한 정보는 반대로 나이 든 세대가 젊은 세대에게 전하는 경향이 있습니다. 따라서 무조건 젊은 세대만을 타깃으로 할 게 아니라 사안에 따라 적절하게 좁힌 1차 타깃을 정할 필요가 있습니다.

관련 정책이나 사업의 내용에 따라, 전파속도에 따라 여러 가지 요소를 고려해야 하고, 주요 타깃은 이런 분석을 통해 최대한 세밀하게 지정해야 합니다. 여기서 또 하나 고려해야 할 것이 편견입니다.

하나 예를 들면 요즘 유행하고 있는 MZ세대를 들 수 있습니다. MZ세대는 자신만의 가치관을 가지고 있고, 공정에 대해 민감하며 특히 SNS에 적극적이라는 특성을 내세우며 이들을 주요 타깃으로 삼는 전략이 광고나 홍보전략을 수립

할 때 아직도 유행처럼 활용되고 있습니다.

하지만 최근 한 연구에 따르면 문제 해결에 있어서 자신만의 기준이 분명하며, 사회적 공정의 이슈에 민감하고 도전의식이 투철하다는 MZ세대에 대한 특성은 이들만의 독특한 특성이라고 볼 수 없다고 합니다. 훨씬 나이가 많은 기성세대인 베이비붐 세대(1946~1964년생)나 X세대 (1965~1978년생) 역시 MZ세대만큼의 삶에 있어 자신의 기준에 맞추어 삶을 살아가고 있으며, 공정을 중요한 이슈로 여기고 있고, 새로운 것에 대한 도전 정신도 뒤처지지 않은 것으로 나타났다고 합니다.

또한 MZ세대는 하나의 집단으로 묶이기에는 그 규모가 방대합니다. 1979년에서 1995년생의 밀레니얼세대와 1996년에서 2010년생인 Z세대는 현재 10대부터 40대 초반까지 그 범위가 넓습니다. 다만 이들의 가치관과 사고방식에 있어 차이는 크게 나타나지 않고 있으나 미디어 이용에 있어서는 차이가 있는 것으로 나타나고 있습니다.

이러한 결과는 미디어 활용 중 타깃을 설정하는 데는 밀레니얼세대인 M세대와 Z세대에 대한 구분이 이루어질 필요가 있음을 시사합니다.

(손정희,김찬석,이현선. 2021. 『MZ세대의 커뮤니케이션 고유 특성에 대한 각 세대별 반응 연구』 中 일부 내용 발췌)

미디어 활용에 있어서 MZ세대의 특수성이 있다는 얘기는 이들을 타깃으로 할 때는 이들의 미디어 활용 트렌드를 고려해야 한다는 말입니다. 하지만 MZ세대가 모든 세대를 대변하는 오피니언 리더의 성향을 보인다는 것을 전제로 한 소통전략은 바람직하지 않습니다.

다만 이슈 메이킹의 관점에서 보면 약간 다를 수는 있습니다.

언론의 중요한 기능 중 하나는 의제설정agenda setting 기능입니다. 의제설정은 지금 생각해야 할 가장 중요한 의제가 무엇인지를 기사 선정과 신문의 지면 배치, 방송 뉴스의 보도 순서 등을 통해 공중에게 알린다는 내용입니다. 무엇을 생각해야 하느냐에 대한 기준을 제시하는 이 기능은 SNS 중심의 미디어 환경 변화에 따라 큰 변곡점을 지나고 있습니다. 일반인의 접근성이 떨어지는 정치 경제 영역에서는 언론이 여전히 출입처 제도를 통해 의제 설정을 주도하고 있지만 사회, 문화 분야에 있어서 레거시 매체는 이 기능을 SNS에 자리를 내주었습니다. 예전 경찰서와 소방서를 돌던 수습기자의 일과가 이제 SNS를 검색하는 방향으로 바뀔 정도로 온라인 누리꾼의 의제 설정에 대한 영향력이 강해졌습니다.

정부 기자회견이 조회 수 100만?

누누이 얘기하지만, 콘텐츠 제작에 있어서 가장 필요한 것 역시 관점입니다. 어떻게 만들면 재미있을까 하는 제작자의 관점보다 어떤 것들이 재미있었는지를 스스로 물어보는 독자의 관점이 필요합니다. 여러분은 TV, OTT, 유튜브에서 어떤 콘텐츠를 주로 보시나요? 여러분의 경로를 스스로 한번 파악해 보시죠. 썸네일이 관심을 끄는 것이었을 수도 있고, 주변의 입소문 때문일 수도 있습니다. 쇼츠와같이 짧은 콘텐츠의 경우는 알고리즘에 따라 무심하게 보게 되는 것도 있습니다.

콘텐츠를 보는 이유는 무엇일까요? 재미있거나, 시각적으로 훌륭하거나, 감동적이거나, 나와 관련 있을 때 정도로 요약할 수 있을 겁니다.

콘텐츠는 여러분이 생각했던 이러한 요소들을 참고해 만들면 됩니다. 하지만 무엇보다 중요한 핵심은 스토리텔링입니다. 사람을 계속 끌 수 있는 콘텐츠의 힘은 스토리텔링에 있습니다.

스토리텔링은 보통 감성적 소구와 이성적 소구의 두 가지 방식으로 나눌 수 있습니다. 전자는 공감을 가져오기 좋고, 후자는 설득과 이해에 유리합니다. 일단 방향이 정해지면 구조를 만들면 됩니다. 우리가 학교에서 배운 발단, 전개, 절정, 결말 정도를 갖추면 됩니다.

쉽지는 않으실 겁니다. 그럼 다른 방법을 알려드리죠. 애니메이션 제작사로 유명한 픽사PIXAR의 제작자 메튜 룬Matthew Luhn이 제시한 방법은 실무에서 매우 유용하게 쓸 수 있습니다.

일단 ① 옛날에… ② 그리고 매일… ③ 그러던 어느 날… ④ 그래서… ⑤ 또 그래서… ⑥ 마침내… ⑦ 그날 이후… 를 순서대로 적어두고 '…'을 하나씩 채워가는 방식입니다. 이렇게 틀을 활용하면 산발적인 생각들을 하나의 얼게 구조로 잘 정리할 수 있습니다. 대부분의 스토리텔링은 이와 같은 구조로 만들어집니다.

　이외에도 몇 가지의 방법이 있습니다. 맞춤형 콘텐츠와 클리셰를 활용하는 것입니다. 맞춤형 콘텐츠는 최대한으로 좁힌 타깃에게 직접적인 연관성을 알려 우호적인 감정을 갖도록 하는 전략입니다. 해외문화홍보원에서는 2020년 6월 한국전쟁 70주년을 맞아 해외 참전 용사에 대한 감사의 마음을 담는 영상을 제작한 적이 있습니다. 기획자는 당시 필리핀과의 수교 기념도 있어서 관련 자료를 찾아보던 중 필리핀 지폐인 500페소 구권 뒷면에 한국전쟁에 참여한 필리핀 군인의 삽화가 실려 있었다는 사실을 알게 되었습니다. 영상은 500페소 지폐에 담긴 사진 설명을 시작으로 끝까지 기억하겠다는 감사의 메시지에 코로나 구호물품을 6.25 참전국들에게 전달하는 내용으로 잡았습니다. 예상대로 영상은 필리핀에서 가장 큰 호응을 얻었습니다. 물론 과거를 잊지 않는다는 메시지는 다른 참전국 사람들에게도 충분히 전해졌고요. 아무리 재미없는 콘텐츠여도 보는 사람들이 있습니다. "텔레비전에 내가 나왔으면 정말 좋겠네"라는 노래처럼 내가 나오거나, 내가 아는 사람이 나올 때입니다. 이들의 구체성을 일반

6.25 70주년을 맞아 문체부가 제작한 'We will always remember' 영상은 필리핀 구권 500페소에 담긴 한국전쟁에 관한 이야기를 대표 예시로 들어 참전국의 희생을 기억하겠다는 메시지를 담고 있다.
출처: 코리아넷 유튜브 채널

화시켜 풀어낼 수 있다면 얼마든지 좋은 콘텐츠로 만들 수 있습니다. 지금은 어마어마한 규모를 가진 유튜브도 처음에 올린 콘텐츠는 가족 이벤트와 개인의 일상 영상에서 시작했습니다.

또 하나의 방법은 클리셰^{cliche}입니다. 클리셰는 원래 인쇄에 사용하는 연판을 뜻하는 말인데요. 아연판으로 마구 찍어내는 것처럼 영화나 드라마에서 일상적으로 쓰이는 진부한 표현을 의미합니다. 진부하면 지루하게 되고 그럼 보지 않게 될 텐데 클리셰는 아직도 사라지지 않고 쓰이는 기법입니다. 왜 그럴까요. 사람들은 방송국이 내보내는 아침드라마를 흔히 막장드라마라고 부르며 비판하지만 정작 시청률은 꾸준히 나오는 편입니다. 욕하면서 본다고도 하죠. 사람들은 클리셰를 비판하면서도 내심 관심을 갖기 마련입니다.

예를 들면 유튜브에서 조회 수를 끌기 가장 좋은 썸네일 제목 중 하나가 순위 매기기입니다. 'CNN이 추천한 대한민국 5대 명소', '충청도에서 꼭 먹어야 할 10대 미식', '제주도 3대 인스타 맛집' 이런 영상은 보고 나면 "별로 새로운 게 없네" 하고 실망하지만, 그러면서도 매번 보게 되는 심리가 있습니다. 그래서 클리셰는 주로 기획 단계와 썸네일 제목 짓기에서 자주 활용할 수 있는 기법입니다.

쉽게 관심을 끌 수 있는 몇몇 기법을 소개했지만, 무엇보다 공공기관의 콘텐츠가 갖는 가장 큰 장점이자 필요충분조건은 신뢰성 있는 정보 전달입니다. 1부에서 설명드렸던 것처럼 코로나 초기 단계 때 급속도로 늘어나는 확진자 수에 언론이 정부의 대응에 대해 신랄한 비판을 이어가던 시기, 당시 정부는 외신들을 상대로 기자회견을 준비하였습니다. 당

한국 정부에 질문 있습니다(feat. 외신기자) | 코로나19 정부합동 외신브리핑

조회수 229만회 5년 전 #코로나19_우리가이긴다 #힘내라_대한민국
지난 3월 9일 오후, 정부는 외신기자들을 대상으로 합동 브리핑을 열었습니다. 정부는 코로나19와 관련한 국내 현황과 향후 대응 방향에 대해 설명했으며 이후 기자들의 질문이 이어졌습니다.

코로나19 확산 초기 정부는 외신의 잇단 요청에 따라 정부합동외신브리핑을 개최했다. 투명한 정보공개와 대응방향에 대한 설명은 큰 관심을 끌어 하루 만에 100만 회의 조회 수를 기록했다.
출처: 문재인정부 청와대 유튜브 채널

시 기자회견에서는 정부 고위 당국자가 투명하게 현재 상황에 대한 설명을 이어갔습니다. 유튜브로 생중계됐던 '코로나19 정부 합동 브리핑' 영상 자체의 동접자 수는 그리 많지 않았습니다. 그런데 클립으로 올린 후 1주일도 채 안 되어 해당 영상은 100만이 넘는 조회 수를 기록했습니다. 정부부처의 기자회견 영상이 100만을 넘는 건 매우 이례적인 상황이었는데 여기에는 정부의 투명한 정보 공개, 국내언론에 대한 불신, 코로나 팬데믹에 대한 정보 부족 등의 원인이 있었지만, 무엇보다 중요했던 건 불안한 상황에 대한 정부의 신뢰성 있는 정보 전달의 내용을 담고 있었기 때문입니다.

'광화문 광장에서 스키점프를'

제가 문체부 해외문화홍보콘텐츠과장으로 부임하고 신경 써서 했던 사업 중 하나가 국가이미지홍보영상 제작이었습니다. 대한민국 국가브랜드 이미지를 고양시키는 영상을 만들어 해외 매체에 송출하는 사업이었는데 제가 부임할 당시에는 이미 유튜브가 글로벌 미디어의 역할을 하고 있어서 굳이 많은 예산을 들이며 해외 매체의 광고 스페이스를 확보할 필요는 없었습니다. 그래서 유튜브에 업로드하는 방향을 선택했습니다.

2016년 국가이미지 제고 영상의 현안은 평창올림픽 홍보였습니다. 당시 남북관계 경색으로 인해 국제적인 환경은 점차 안 좋은 방향으로 흘러가고 있었고, 일부 유럽 국가에서는

문체부는 2016년 여름 평창동계올림픽을 홍보하기 위해 광화문 광장 등에서 스키점프, 스노보드, 스피드스케이팅, 크로스컨트리를 재현하는 홍보영상을 제작했다. 이 시리즈는 한여름의 동계스포츠라는 역발상으로 언론과 누리꾼의 호평을 받았다.
출처:코리아넷 유튜브 채널

평창올림픽 불참 선언이 나올 기세였습니다. 상황이 이런 데 마침 시기가 여름인 탓에 영상자료가 아닌 촬영을 통해 동계올림픽 홍보영상을 만드는 것은 쉬운 일이 아니었습니다. 과업 수행사의 제안서는 너무 평이해서 썩 마음에 들지 않았습니다. 아이디어 회의를 주재하고 여름에 동계올림픽 장면 촬영이 불가능하다는 발상을 깨보면 어떻겠냐? 광화문에서 스키점프하고, 서울 도심에서 보드도 타고 하는 게 기술적으로 얼마든지 가능하지 않냐는 말을 꺼내자, 제작사의 PM이 한 말이 아직도 생각이 납니다. "그렇게 해도 괜찮으시겠어요?" 그의 말인즉 정부에서 만드는 영상이 이렇게 튀어도 되겠느냐는 물음이었죠. 트렌드에 뒤처져서도 안 되지만 너무 튀어서도 안 되고, 국민들도 만족시키고, 윗선도 만족시켜야 하는 콘텐츠. 이게 일반적으로 정부 부처나 공공기관이 홍보대행사나 제작사에 요구하는 사항이고, 그래서 정부 부처나 공공기관이 만드는 광고와 홍보영상은 무난하지만 별로 기억에 남지 않는 이유입니다.

콘텐츠 기획의 기본 레시피가 스토리텔링이라면 맛과 향을 더하는 조미료는 바로 역발상입니다. 예상치 못한 전개와 결말에는 언제나 눈길이 가기 마련입니다.

보여주고 싶은 것, 보고 싶은 것

운영자의 입장에서 웹사이트는 보다 심층적인 정보 제공과 일관된 메시지 전달을 위해 중요한 채널입니다. 공식 웹사이트를 활용해 정책과 관련된 정보를 자세히 제공하고, 뉴스레터나 자료실 등을 통해 보다 구체적인 자료를 쉽게 접근할 수 있게 합니다.

　사용자의 입장에서는 어떨까요? 만약 여러분이 특정 정부부처나 공공기관의 사이트를 방문한다면 어떤 목적에서일까요? 온라인에서 필요한 정보를 찾을 때 1차적으로 찾는 곳은 구글과 네이버 같은 포털사이트입니다. 1차적으로 이곳에서 검색한 후 보다 필요한 정보가 있다면 다음 단계에서 해당 사이트를 방문하겠죠. 예외적인 경우도 있습니다. 북마크나 즐겨찾기를 해두고 바로 사이트로 접근할 때입니다. 이때는 해당 사이트에서 업데이트되는 정보를 주기적으로 확인하고 싶을 때입니다.

　여러분이 소속된 곳의 사이트 첫 화면을 보시죠. 사용자가 관심을 가질만한 내용을 잘 배치해 두었나요? 일반 기업 사이트와 공공 사이트의 가장 큰 차이점은 보스의 얼굴입니다.

　삼성이나 현대 같은 대기업의 홈페이지 첫 화면에 오너의 얼굴이 나오는 경우는 좀처럼 없습니다. 하지만 공공 사이트의 경우 기관장의 활동 이미지가 두드러져 있는 경우가 아직도 적지 않습니다. 사이트 방문자들이 원하는 정보일까요? 아니면 이런 이미지를 보며 "음~ 열심히 하고 있군"이라고 생각해서 기관장의 호감도가 높아질까요?

예전에 제가 일했던 지역의 자치단체에서 발간하는 시정소식지를 유심히 본 적이 있었습니다. 타블로이드판으로 만든 총 16면이었는데 시장 얼굴이 안 들어간 지면이 딱 두 페이지더군요. 어차피 '시정소식지야 기관지이고, 다음 선거 대비도 해야 하니까 이해해야지…'라고 생각했지만, 지역주민들에게 필요한 정보를 제공하기보다는 시장의 활동을 주로 담은 시정소식지를 만들고 또 홍보에 열을 올리는 모습은 다소 씁쓸했습니다.

PI라고 하죠. Personal Image의 약자인데 경우에 따라서는 대통령의 이미지를 뜻하는 President Image의 약자로 쓰이기도 합니다. 어쨌든 기관장의 PI는 직접적인 메시지와 반복적 노출을 통해서도 효과가 나타날 수 있지만 그보다 간접적인 메시지와 스토리를 갖춘 이미지가 훨씬 전달력이 높고, 반감도 덜하다는 점을 기관장들께서 알았으면 좋겠습니다.

온라인의 가장 큰 장점은 데이터가 남는다는 점입니다.

방문자기록, 자주 본 페이지 등 다양한 로그 기록을 통해 사용자가 원하는 정보는 전면에 배치하고 운영자가 알려주고 싶은 정보를 병렬 또는 하단으로 연관시키는 방법이 바람직합니다.

우리나라 정부부처의 웹사이트는 웹 표준화 정책, 웹 접근성 등에서 통일된 정책을 시행하고 있지만, 메뉴 단이나 네비게이션 구성 등 사이트 디자인과 구성에 있어서는 각각 다른 형태로 운영되고 있습니다. 그래서 필요한 정보를 찾기가 쉽지 않고 사이트를 이리저리 옮겨다녀야 합니다. 개인적으로는 영국의 GOV.UK 사이트처럼 사용자의 관점에서 필요한 카테고리를 형성하고 이와 관련된 정부정책을 일목요연하게 제공해주는 통합 사이트가 있으면 좋겠다는 생각이 있습니다. 우리나라의 경우 정부24가 이와 유사한 기능을 하는 사이트일 텐데 아직까지 일반 국민들에게는 다양한 정보 제공보다 증명서 무료 발급 사이트 정도로 알려져 있어 아쉬움이 남습니다.

정부24와 같이 대규모 시스템을 갖춘 곳 이외에 대부분의 정부부처와 공공기관 사이트 관리는 중소 업체에서 운영 용역을 맡고 있습니다. 보안 취약점이야 업체의 규모와 상관

없이 언제든 발생할 수 있는 일이지만 사무실, 작업용 PC, 서버 등 인프라나 인력의 교체가 잦은 업체 중에는 보안에 취약한 경우가 종종 있습니다. 제가 근무했던 해외문화홍보원에서는 홈페이지와 정부 공식다국어포털 코리아넷을 비롯해 일부 재외문화원 홈페이지까지 20여 개의 사이트를 관리 운영하고 있었는데 해킹이 발생한 사례가 한 번 있었습니다. 조사 결과 용역사 사무실에서 근무하던 직원이 인터넷망과 연결된 컴퓨터에서 작업을 하다가 해킹을 당한 것으로 밝혀졌습니다. 다행히 별다른 피해는 없었지만, 국정원 조사를 비롯해 피곤한 후속조치가 잇따랐습니다. 정부기관 사이트의 해킹은 이미지 훼손뿐만 아니라 개인정보를 비롯한 주요 정보가 유출되는 대형사고로 이어질 수 있지만, 다른 안전사고와 마찬가지로 별일 없이 지내다 보면 느슨해지기 마련입니다. 언제나 느끼는 감정입니다만 시설 안전 담당자들과 온라인 사이트 보안 담당자들은 늘 사고가 나면 큰 책임을 져야 하는 부담을 갖고 일하고 있으면서도 사고가 나지 않으면 당연한 일로 여기는 현상이 일상인지라 억울한 분들이라는 생각이 듭니다. 반면 관리책임자는 평상시 이런 사고에 대해 그리 큰 관심을 두지 않는 경우가 많습니다. 실무자나 관리 책임자 모두 경각심을 가질 필요가 있습니다.

검색이나 위키피디아 같은 집단지성 소개 자료도 신경 써야 합니다. 이런 곳에서 잘못 업데이트된 정보는 자칫 방치했다가는 걷잡을 수없이 확산되는 상황을 맞이할 수도 있습니다. 이는 곧 신뢰도 저하로 이어집니다.

10%도 안 되는 열람률이지만…

대다수의 정부 부처와 공공기관은 '정책고객'이라는 이름으로 보유한 개인 이메일 주소를 활용해 매주 또는 매월 정기적인 뉴스레터를 보냅니다. 아마 독자 여러분들께서도 한두 건 이상의 뉴스레터를 받아보고 계시고, 그 이상의 뉴스레터에 대한 구독 취소를 경험하셨을 겁니다. 뉴스레터는 구독자에게 정책 소식을 지속적으로 전달할 수 있어 정책에 대한 지속적 관심을 유도합니다.

그러나 업계의 통계에 따르면 뉴스레터의 평균 열람률은 긍정적으로 볼 때는 2~5%, 공공기관의 경우는 이보다 높은

10~18% 정도에 불과하다고 합니다. 왜 그럴까요? 정보의 차별성이 거의 없기 때문입니다. 사이트에서 볼 수 있는 똑같은 콘텐츠를 단지 묶어놓기만 해서 해당 기관 사이트에 들어가면 얼마든지 볼 수 있는 정보로 만들어진 뉴스레터를 굳이 시간 들여 열어볼 필요가 없기 때문입니다.

발송자 입장에서 볼 때도 굳이 매력적인 매체가 아니기는 합니다. 일반 기업의 뉴스레터의 경우 충성고객을 확보할 수 있고, 이들은 구매 동기와 구매 의사가 비교적 높은 잠재고객이지만 정책소통에서의 정책고객은 적극적인 행동에 나서는 열성고객이나 오피니언 리더 만으로 구성된 것도 아니고, 대규모의 메일링리스트가 아니라면 확산 측면에서도 그다지 효과적이지 않기 때문입니다.

하지만 뉴스레터가 유용한 기관이 있습니다. 공연 정보나 전시 정보 또는 소비자 물가 정보처럼 고객에게 필요한 정보를 지속적으로 제공해주는 곳들입니다. 뉴스레터는 정기적인 소식 전달과 타깃별 맞춤형 메시지 전달에 유용한 채널입니다. 특히 특정 관심사를 가진 대상에게 중요한 정보를 빠짐없이 전달할 수 있는 장점이 있습니다. 여기서 중요한 점은 지속성과 내실입니다. 어쩌다 한번 받는 정보는 기억하기 어렵습니다. 주말에 가족과 전시를 보러가고 싶을 때 "아, 그 뉴스레터가 있었지"하고 기억할 수 있도록 지속성을 가지고 꾸준히 발송해야 합니다. 그리고 사이트에서는 볼 수 없는 뉴스레터만의 콘텐츠를 포함시켜야 합니다. 이벤트는 좋은 예가 될 수 있습니다. 이번 주 또는 이번 달에 독자가 관심을 갖기를 바라는 사항이 있으면 이벤트와 연계해 열독률을 높이는 방법을 추천합니다. 소셜 미디어와 연계하여 뉴스레터를 공유할 수 있는 기능을 추가하는 것도 좋은 방법입니다.

실무 팁

- 영상 기획 시 사전 콘셉트 테스트 실시- 카드뉴스는 제목과 첫 장 이미지가 핵심- 웹사이트는 검색 최적화(SEO) 구조 설계 필요

- 카드뉴스: 사실 기반, 간결한 메시지와 디자인 중요

- 숏폼 영상: 공감 유도, 비하인드나 실생활 연결 사례 효과적

- 인터뷰/브이로그: 정책 담당자 또는 수혜자 중심 스토리 전달

- 뉴스레터에 상호작용을 유도할 수 있는 간단한 설문이나 퀴즈를 포함

SNS는 '운영'이 아닌 '기획'이다

미디어 환경은 하루가 다르게 변화하고 있습니다. 언제나 막강할 것 같았던 TV, 신문 같은 기존의 레거시 미디어의 비중이 점차 줄어들고 있고, SNS를 중심으로 한 온라인 매체의 비중이 급속도로 성장하고 있습니다. 여기에 현수막, 전광판 같은 옥외매체도 기술의 발전에 따라 새로운 형식으로 발돋움하고 있습니다.

2023년 집행된 정부광고 집행현황을 보면 전체 예산 약 1조 3,400억 원 중 인터넷(25.4%), 방송(25.3%), 인쇄(19.6%), 옥외(17.8%) 순으로 매체별 비율을 나타내고 있습니다. 인터넷이 방송 매체를 앞서기 시작한 겁니다.

정책소통의 핵심 채널로 SNS가 부상한 배경에는 이 같은 매체 환경의 변화를 들 수 있습니다. 국민들은 이제 TV나 신문보다 인스타그램, 유튜브, 페이스북 등 디지털 채널을 통해 정책 정보를 접하는 경우가 많습니다. 특히 짧은 영상 콘텐츠나 이미지 중심의 스토리텔링은 정책 내용을 효과적으로 전달하는 수단으로 활용되고 있죠. 또 소셜미디어의 특성상 소통을 중시하며 단순 정책홍보 창구가 아닌 국민들의 참여와 공유가 가능하기 때문입니다.

과거 정부PR은 주로 매스미디어를 활용한 일방적 설득에 가까웠기에 선전이나 공보의 개념이 강했다면 기술발달로 인한 쌍방향 커뮤니케이션 기능은 국민이 정부 정책에 대한 의견을 전달하고 정부는 국민여론을 보다 정확하게 파악하여 정책에 반영하게 하는 것을 가능하게 하였습니다. 소셜미디어란 사용자가 직접 콘텐츠 제작에 참여하고 교환할 수 있는 다양한 형태의 미디어를 뜻합니다. 소셜미디어는 쌍방향 소통을 통해 메시지를 확대하고 재생산합니다.

단순히 확대 재생산되는 것만이 아니라 소비자들에 의해

계속해서 재편집되고 재생산되며, 그 과정에서 종종 기존 메시지에 새로운 의미가 더해지기도 하므로 이원적 소통방식이기도 합니다.

채널별 특성과 운영 전략

일반적으로 정부부처와 공공기관이 운영하는 소셜미디어 플랫폼은 기관의 특성과 목적, 그리고 타깃 대중에 따라 다르게 활용됩니다.

몇 년 전에 한 외교부 관계자에게 유튜브 콘텐츠에 대한 자문을 요청받은 적이 있었습니다. 당시 유튜브 외교부 채널에는 외교부 사무관의 브이로그$^{V-log}$ 영상을 올려놓았었는데 제가 보기에는 독자들의 흥미를 끌기에 적당한 것으로 보여, 좋은 사례라고 얘기했습니다.

그러자 그 관계자는 해당 영상이 외교부 공무원으로서의 품위에 적절치 못하다는 윗선의 지적이 있어서 영상을 내렸다고 얘기하며, 품격 있으면서도 재미있는 콘텐츠를 만들기 위한 노하우를 알려달라고 하더군요. 제 대답은 그럼 유튜브 플랫폼을 버려야 한다는 것이었습니다. 유튜브 플랫폼 자체는 가벼운 스낵컬처 콘텐츠가 대부분입니다. 정보성 콘텐츠도 올라가 있지만 그것도 가벼운 내용이라든가 마니아층(흔히 덕후라고 하는…)을 위한 콘텐츠가 대부분이어서 품격 있는 콘텐츠와는 거리가 멉니다.

대부분의 정부부처와 지자체, 공공기관들이 다수의 소셜미디어를 운영하고 있지만 각 플랫폼 간의 특성을 잘 살리고 있는 곳은 그리 많지 않습니다. 예를 들어 연령대를 보면 중장년층은 페이스북. 청소년 이하는 인스타그램을 선호하고, X로 이름이 바뀐 트위터는 전문직 종사자 또는 오피니언리더가 주로 사용하고 있습니다. 하나의 아이템이라도 플랫폼에 따라서 재가공이 필요하다는 이야기입니다. 콘텐츠 내용에서도 인스타그램은 사진 등 비주얼 위주이고, 페이스북은 이벤트나 정보 전달, 유튜브는 비주얼 또는 스토리텔링 영상 등으로 각각 차이가 있습니다. 해외홍보로 눈을 돌리면 페이스북은 동남아와 남미에서, 인스타그램은 미주, 틱톡은 중국과 미국 등 대륙과 국가별로도 다른 사용빈도를 가지고 있습니다.

구독자 관점에서 본 각 플랫폼의 특징, 차이점 활용사례는 다음과 같습니다.

유튜브 YouTube

특징: 시청 지속 시간이 길고, 시각적 이해가 필요한 정책 설명이나 홍보 영상에 적합.

구독자는 기관의 브랜딩 영상, 설명 영상, 캠페인 콘텐츠 등을 정기적으로 시청하는 성향.

장점: 콘텐츠의 스토리텔링 효과가 큼.

검색 노출 및 알고리즘 확산에 유리해 새로운 구독자 유입 가능성 높음.

활용 사례: 경찰청, 문화체육관광부 등은 시리즈 영상(예: 사건 재연, 문화 알림 등)으로 구독자 수 확보.

페이스북 Facebook

특징: 정책 참여 유도, 이벤트 안내, 보도자료 요약 등에 활용. 구독자는 공감, 공유를 통해 정보를 확산시키는 데 주력.

장점: 연령대가 높은 층에서 여전히 강력한 영향력. 텍스트, 이미지, 영상 등 멀티 콘텐츠 포맷 지원.
활용 사례: 보건복지부, 한국관광공사 등이 감성 콘텐츠와 함께 정책 소식 전달에 사용.

인스타그램 Instagram

특징: 비주얼 중심 콘텐츠에 특화.
구독자는 짧고 세련된 정보, 감성적 콘텐츠에 반응.
장점: 젊은 세대 타깃에 효과적. 릴스Reels 등 짧은 영상 기능으로 빠른 확산 가능.
활용 사례: 서울시, 환경부 등은 도시 이미지, 자연 보호 등을 감각적인 이미지로 홍보.

블로그 NAVER Blog 등

특징: 정보 전달력이 높은 플랫폼.
구독자는 심층적인 정책 해설, 신청 방법, 경험 후기 등의 콘텐츠에 관심.
장점: 검색 최적화에 유리하여 정책 정보 탐색 시 상위 노출 가능. 기사형 콘텐츠나 가이드 콘텐츠 작성에 적합.

활용 사례: 고용노동부, 한국도로공사 등은 정책 안내, 제도 변경 사항 설명 등에 활용.

간단히 표로 정리하면 다음과 같습니다.

플랫폼 별 비교

플랫폼	콘텐츠 특성	구독자 성향	주 활용 목적
유튜브	동영상 중심 몰입형	정책의 시각적 이해 원하는 사용자	정책 캠페인, 다큐·홍보 영상
페이스북	뉴스형 콘텐츠 공유 가능	정보 공유 및 커뮤니티 성향 강함	이벤트, 공감 콘텐츠, 보도자료 공유
인스타그램	감각적 이미지 짧은 영상	젊은 층, 시각적 스토리에 반응	브랜드 이미지 강화, 친근한 소통
블로그	심층 정보 검색 최적화	실질적 정보 탐색 및 상세 가이드 필요	제도 설명, 신청 안내, 사례 소개

정책소통 담당자들은 이 같은 각 플랫폼의 특성과 성향에 맞는 플랫폼 운영 전략을 수립해야 합니다.

"일부 지자체나 공공기관은 인력부족 등의 이유로 SNS운영을 외부대행업체에 맡기고 있으며, 이로 인해 시민과의 실질적인 소통보다는 일방적인 정보 전달에 그치는 경우도 있다. SNS를 통한 진정성있는 소통과 시민 참여를 확대하기 위한 전략적 접근이 필요하다." (출처: 오마이뉴스)

공공기관의 SNS운영에 대해 한 언론에서 비판한 내용입니다. 하지만 SNS운영을 외부대행업체에 맡기는 게 꼭 나쁘다고만 할 수는 없습니다. 사실 SNS를 내부에서 직접 운영하는 곳에서도 공공기관 SNS의 특성상 쌍방향보다는 정보 전달이 대부분인 경우가 많기 때문입니다. 정보를 전달하면서 수용자의 관점에서 전문적인 내용을 담을 수 있다면 외부 용역은 오히려 효과적일 수 있습니다. 다만 대행업체에 맡겨만 놓는 것이 아니라 내부에서 꾸준한 모니터링으로 방향을 제시하는 일이 수반되어야 한다는 것을 전제로 했을 때 말이죠.

공공기관 SNS는 재미없다?

공공기관 SNS채널 운영 성공사례로 회자되고 있는 곳으로 정부부처의 코리아넷과 경찰청의 유튜브 채널, 지방자치단체인 고양시와 충주시를 꼽을 수 있습니다.

코리아넷 유튜브 채널은 외국인을 대상으로 대한민국의 문화와 주요 정책 등을 소개하는 채널입니다. 초창기에는 유튜브에서 이례적으로 24시간 라이브 채널을 운영하였고, 정부 각 부처의 주요 콘텐츠를 영문으로 번역해서 올리기도 했습니다.

이 채널의 가장 큰 특징은 인플루언서 양성과 이들을 활용한 서브 채널 구축인데, 간단히 사업 모델을 설명하면 한국에 호감이 있는 외국인에게 한국 홍보 유튜버가 될 수 있도록 교육과정을 제공하고, 이들의 채널을 코리아넷의 서브 채널로 활용하는 MCN 전략입니다.

인플루언서는 매년 선발과정을 거치고 다양한 활동을 지원하고 있습니다. 2022년에는 100여 국가의 2,000여 명이 활동했었습니다. 코리아넷 유튜브채널은 꾸준한 성장을 거둬 구독자 60만 명을 넘어섰습니다. 여기에 하위 채널인 인플루언서 채널이 100개 정도만 만들어져도 확산 효과는 매년 기하급수적으로 증가할 수 있습니다.

외국인 인플루언서 채널은 또 독도 문제나 김치, 한복 등 기타 외교적으로 민감할 수 있는 현안이 발생했을 때 이를 제삼자 시각에서 객관적으로 홍보할 수 있는 장점이 있습니다.

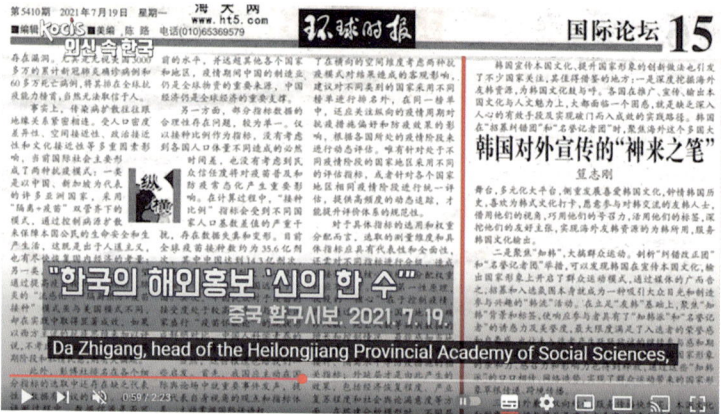

중국의 환구시보는 대한민국을 홍보하는 외국인 네트워크 구축에 대해 해외에서 한국에 우호적인 인적 자원을 심도 있게 발굴해 한국문화에 대한 호응을 끌어내고 있다며 이 같은 홍보 방식을 '신의 한수'라 극찬했다.
출처: 코리아넷 유튜브채널

이 때문에 중국 환구시보의 한 칼럼에서는 이 같은 방식의 대한민국 국가 홍보를 '신의 한수'라고 평가하며 중국이 배워야 한다고 쓰기도 했습니다.

경찰청의 경우 경찰의 미담 사례나 사건사고가 발생한 현장을 전하는 영상이 인기를 끌고 있는데, 경찰의 보디캠이나 CCTV 영상 등 현장의 생생함을 다룰 수 있는 특성 때문에 독자의 관심이 높은 편입니다.

또 고양시의 페이스북과 충주시와 유튜브 채널은 운영자의 역량이 돋보이는 사례입니다.

고양시는 시의 이름을 딴 고양이를 커버스토리로 꾸미며 소통 언어로 "~나는 고양", "~다옹" 등의 이른바 고양이체를 사용하며 누리꾼들의 큰 관심을 끌었습니다. 이후 고양 고양이는 운영자의 이른바 '약 빠는' 패러디가 넘쳐나며 고양시 자체의 홍보뿐만 아니라 고양시민축구단 캐릭터를 비롯해 다양한 영역으로 확대되었습니다.

그러나 고양 고양이는 지방자치단체장이 바뀌며 현재는 사라진 캐릭터가 되었습니다. 성공적인 SNS 운영사례가 정치에 의해 좌지우지되는 것은 안타까운 일입니다.

충주시의 경우 앞서 언급했듯이 충주맨이라고 불리는 운영자의 B급 감성으로 독자의 열광적인 지지를 받았습니다. 충주시 유튜브 채널에서 눈여겨볼 것은 확산 경로입니다. B급 콘텐츠 자체는 일부 마니아층의 관심을 바탕으로 하며, 확산에 어려움이 있습니다. 하지만 지속성을 갖고 꾸준히 콘텐츠를 업로드하면 채널의 정체성이 확립되면서 온라인에서 바이럴 효과가 나타나고, 이를 다시 언론이 보도하는 형식으로 확산되는 프로세스가 가능해집니다.

고양시 SNS 캐릭터 '고양 고양이'는 운영자의 창의적이고, 기발한 아이디어로 온라인을 넘어 시와 프로축구단의 캐릭터와 굿즈로 활용될 만큼 큰 인기를 끌었다.
출처: 고양시청

    여전히 인기를 끌고 있는 충주시 유튜브 채널 구독자 수는 2025년 6월 현재 84만을 넘어서며 충주시의 간판으로 자리매김했습니다. 많은 정부부처와 지자체, 공공기관의 SNS 담당자들은 앞서 언급한 사례를 부러워하지만 쉽게 따라하지 못합니다. 아니, 따라하려 하지 않습니다. 공적인 SNS가 너무 가벼우면 신뢰도가 떨어진다고 생각하기 때문입니다. 하지만 SNS라는 플랫폼은 그 자체가 가벼운 성격을 가지고 있습니다. 유일한 온라인 소통 창구가 SNS라면 모르겠지만 홈페이지가 있고, 다양한 SNS를 운영하고 있다면, 적어도 하나의 플랫폼 정도는 가벼운 온라인 용어를 활용하며 국민에게 보다 친근하게 다가가는 방법을 권해드리고 싶습니다.

소통분야는 매체의 변화도 빠르고 콘텐츠의 트렌드도 시시각각으로 변하는 특성을 가지고 있습니다. 정부 부처와 공공기관의 정책소통 역시 이런 변화에 민감하게 대응합니다. 그러나 또 한편으로는 그렇지 않은 면도 있습니다. 정책소통 콘텐츠의 특성 때문입니다. 일반 기업에서 만든 '병맛 콘텐츠'나 '메타버스'와 같은 화제성 이슈가 대중에게 관심을 받으면 정부 부처와 공공기관에서도 이와 비슷하게 만들라고 하는 주문이 트렌드에 민감한 윗분들을 통해 내려옵니다.

하지만 실제로는 많은 제약 요소가 있기 때문에 일반 기업의 기법을 현실에서 그대로 적용하기는 쉽지 않습니다. 대표적인 제약으로 노이즈 마케팅이 불가능하다는 것을 들 수 있습니다. 일반 기업과 서비스에서는 인지도 제고를 위해 의도적으로 노이즈 마케팅을 구사하는 경우가 있습니다. 그러나 공공의 영역에서는 이런 노이즈 마케팅은 금기에 가깝습니다. 여기에 정부 광고라고 하면 일단 부정적으로 보는 일반 국민의 선입견도 작용합니다. 결론적으로 말하면 정책소통의 트렌드는 일반 기업의 유행을 반발 정도 뒤따라가는 흐름이 적당할 것입니다.

　B급 콘텐츠가 트렌드로 떠오른다고 해서 이를 그대로 적용할 수도 없습니다. 문체부가 2016년에 만든 '아라리요 평창'을 한 사례로 들 수 있습니다. 싸이의 강남스타일 이후 유행처럼 번진 B급 감성을 평창 동계올림픽 홍보에 활용할 목적으로 만든 해당 영상은 언론과 누리꾼들의 차가운 비판과 악평을 받았습니다. 영상의 수준이나 기타 여러 가지 사항을 차치하고도 정부나 공공기관이 만드는 B급 감성의 홍보 콘텐츠에 대해서는 쉽게 받아들이지 못하는 게 당시 분위기였죠.

　결국 이후 3년 정도가 지난 뒤에야 B급 감성이 일반적으로 통용될 수 있는 분위기가 마련되었고, 그제야 공공기관의 B급 감성 콘텐츠도 거부감 없이 자연스럽게 받아들여지는 분위기가 만들어졌습니다.

　트렌드를 쫓은 또 하나의 사례가 있습니다. 바로 메타버스(가상확장세계)입니다. 2021년 메타버스가 장안의 화제로 떠오르자 많은 공공기관이 소통 수단으로 이를 반영하였죠. 특히 코로나 상황에서 사람이 모일 수 없는 행사와 같은 상황

2016년 문체부가 제작한 '아라리요 평창' 영상은 '아라리요 평창' 댄스 붐을 조성하여 2018 평창 동계올림픽을 홍보하고, 문화 올림픽을 구현하고자 한다는 취지였으나 정부가 제작한 B급 콘텐츠에 대한 혹평이 쏟아졌고 문체부는 해당 영상을 삭제했다.
이미지는 아라리요 평창 영상 캡처

에서 메타버스는 매우 적절한 대안으로 보였습니다.

그러나 메타버스는 스티븐 스필버그의 영화 '레디 플레이어 원^{Ready Player One}'에 나온 것처럼 안경과 같이 생긴 HMD^{Head Mounted Display}를 쓰고 3D환경을 직접 체험하고 참여하는 걸 기반으로 합니다. 따라서 3D환경이 완전히 구축되지 못한 상황에서 메타버스 기술은 아직 흉내 내기에 불과할 수밖에 없었습니다. 온라인상에서 2D 아바타들이 모이고, 쌍방향은 대화창에서 구현되는 마치 싸이월드 같은 가짜 메타

해외문화홍보원이 한국문화를 사랑하는 외국인들이 직접 제작한 한류 콘텐츠를 공유하고 소통할 수 있는 메타버스 전시관, '코리아월드'는 기술적 한계로 인해 제 기능을 다하지 못하고 문을 닫아야 했다.
출처: 해외문화홍보원

버스가 이때 유행처럼 번졌습니다.

정책소통 실무자 입장에서는 윗선에서 트렌드라고 하는데 안 할 수는 없는 일이어서 적당히 맞춰서 진행한 사례가 대다수였습니다. 저도 이때 'KOREA WORLD'라는 이름으로 메타버스를 만들었다가 실패한 경험이 있습니다.

그럼에도 불구하고 정책소통을 담당하는 실무자라면 홍보나 광고의 유행과 경향에 관한 관심을 게을리해서는 안 됩니다. 공부라고 생각하지 말고, 가끔 시간 날 때 유튜브에서 찾아볼 수 있는 해외광고, 광고제 수상작, 새로운 디바이스 소개 등을 즐기시기를 바랍니다.

유튜브에 주기는 아깝지만…

유튜브 채널이 큰 폭으로 성장하던 시기 방송국과 영화 제작사들이 딜레마에 빠진 적이 있었습니다. 이들은 초기에 유튜브 채널을 경쟁상대로 생각했었습니다. 당연히 경쟁사가 자신들의 콘텐츠를 활용해서 성장하는 걸 보고 있을 수는 없었죠. 그래서 자사 영상을 활용한 유튜브용 콘텐츠 제작을 금지하고 저작권 위반 콘텐츠를 감시하는 활동을 일컫는 온라인 패트롤을 강화했습니다.

그런데 문제는 유튜브 채널 자체가 이슈를 만들어낼 수 있을 만큼 영향력이 너무 커졌다는 것이었습니다. 영상에 익숙한 세대들은 구글과 네이버가 아닌 유튜브를 통해 필요한 정보를 찾기 시작했습니다. 또 구글이 유튜브를 인수하면서 구글 검색에 유튜브 영상이 검색 결과에 함께 반영되는 점도 유튜브에는 이점으로 작용했습니다.

이제 새로운 드라마나 영화를 아무리 홍보해도 유튜브에서 회자되지 않으면 크게 눈길을 끌 수 없는 상황이 되어버린 겁니다. 결국 주요 매체는 정책을 바꿔 예고편이나 하이라이트 영상 등 일부 주요 장면을 적극적으로 업로드해 시청자의 관심을 끌고 해당 매체나 OTT로 오게 만드는 방법을 적극 활용하고 있습니다. 또는 방송이 나간 이후에 주요 장면이나 메이킹, 뒷이야기 등으로 이슈의 지속을 꾀하기도 합니다.

정책소통에서도 상황에 따라서는 SNS 단독 운영이 아닌, 보도자료·영상·오프라인 행사와 연계된 통합 전략이 필요할 때가 있습니다. 예를 들어 보도자료 → 정책 설명 영상 → SNS 카드뉴스 순으로 구성해 메시지의 반복 노출을 유도하려고 할 때가 이에 해당합니다.

2021년 하반기 코로나 바이러스가 주춤하던 시기에 국민들에게 정부의 방역정책과 코로나 이후의 일상에 대한 대응을 목적으로 하는 콘텐츠 기획을 준비한 적이 있었습니다. 1차 타깃은 오피니언 리더를 대상으로 했고, 내용과 깊이 면에서 신뢰도를 갖춘 EBS의 다큐프라임을 매체와 프로그램으로 선정했습니다. 총 6부작으로 제작된 EBS 다큐프라임-포

EBS 다큐프라임-포스트코로나 시리즈는 유연석 배우가 내레이션을 담당하는 등 수준 높은 프로그램으로 제작되었다. 통합미디어 전략의 일환으로 방송 송출과 이후 5분 정도의 영상 클립을 유튜브 채널에 올리는 온라인 전략을 병행했다.출처: EBS 유튜브채널

스트코로나 시리즈는 유연석 배우가 내레이션을 담당하고, 해외 취재가 쉽지 않은 열악한 환경에서도 수준 높은 프로그램으로 제작되었습니다.

하지만 50분짜리 다큐멘터리, EBS의 심야 시간대 편성 등으로 인해 확산에는 한계가 있었기 때문에 2차 단계로 온라인 전략을 병행했습니다. 그래서 50분짜리 다큐멘터리의 주요 장면을 5분 정도의 짧은 클립으로 만들고 유튜브 채널에 적합한 썸네일을 달아 업로드 했습니다. 대단한 성공을 거둔 사례는 아니었지만, 통합미디어 전략에 따른 미디어믹스를 구현한 사례여서 설명해 드렸습니다.

통합미디어 전략은 다양한 채널을 통해 동일한 메시지를 전달함으로써 더 많은 대상에 도달할 수 있다는 장점이 있습니다. 특히 위기 상황에서는 오프라인과 온라인 채널을 결합하여 정보 전달에 누락이 없도록 할 수 있습니다. 또 오프라인에서는 즉각적인 반응을 볼 수 있고, 온라인에서는 실시간 피드백을 통해 소통을 개선할 수 있는 점이 장점입니다. 오프라인 소통채널은 빠르고 광범위한 도달을 가능하게 하지만, 온라인 채널은 인간적인 신뢰와 깊은 소통을 제공합니다. 실무에서는 두 채널을 상황에 맞게 통합하여 효과적인 소통을 이루는 것이 중요합니다. 각 채널의 특성을 이해하고 적절히 활용하는 것이 성공적인 정책소통 전략의 핵심입니다.

실무 팁

- 채널별 목적과 타깃을 구분할 것
- 타깃에 맞는 각각의 미디어를 믹스
- 단일 메시지를 다양한 형식으로 반복 노출
- 유사 SNS채널, 최신 광고 및 홍보 트렌드 모니터링

언론이 두려운 실무자들에게

'늘 가깝지도 않고, 멀지도 않은 우리 두 사람!' 나미라는 가수의 '빙글빙글'에 나오는 이 노래 가사는 기자들과 상대하는 공직자들에게 불문율로 통용되는 말입니다. 정책소통 담당자들에게 기자를 상대하는 일은 필연적일 수밖에 없습니다. 실무자들은 홍보를 위해 기자가 필요하고 기자는 기사를 위해 정책소통 담당자가 필요합니다.

그래서 가끔 밥도 먹고, 술도 한잔 마시다 보면 어느새 친해지기도 합니다. 그러다가 사석에서 나눈 얘기가 기사화되는 상황이 발생하면 인간적인 배신감을 느낄 때가 있습니다. 사실 이 원망의 마음이 적절하지는 않습니다. 공무원이나 공공기관에서 일하는 분들이 친한 기자라고 해서 비밀 유지 의무를 깨고 정보를 제공하면 안 되는 것처럼 기자 입장에서는 보도가치가 있다고 판단되면 친소 여부와 관계없이 기사를 써야 하는 게 직업 정신이기 때문입니다.

문제는 너무 친해지고 가까워지면서 종종 지켜야 할 선이 점점 흐릿해지는 경우입니다. 실무에서 이런 일이 실제로 종종 생깁니다. 정보를 주고, 우호적인 기사를 받고 서로 공생하는 관계로 지내는 사람들을 주변에서 어렵지 않게 볼 수 있었는데, 안 좋은 결말을 맞이하는 경우가 많았습니다.

정말 마음에 드는 좋은 사람이라면 현직을 떠난 후를 기약할 것을 권유합니다. 그때까지는 '늘 가깝지도 않고, 멀지도 않은 우리 두 사람'으로 지내시길 바랍니다.

말씀자료와 예상질문

정책소통에서 인터뷰와 언론 대응은 핵심적인 커뮤니케이션 수단입니다. 특히 정책에 대한 사회적 이해와 지지를 확보하기 위해서는 미디어와의 효과적인 관계 형성이 필수적입니다.

　기자들과의 관계에서 중요한 업무 중 하나가 바로 인터뷰입니다. 인터뷰는 정책 메시지를 많은 국민에게 전하는 중요한 기회입니다. 인터뷰는 기자의 요청 또는 상사의 지시에 따라 만들어지기도 하고, 정책과 사업의 홍보 필요에 따라 실무자의 제안과 보고에 따라 진행되기도 합니다. 일단 인터뷰가 결정되면 실무자는 핵심 메시지를 준비하고, 예상 질문 리스트를 미리 준비해야 합니다.

　인터뷰는 매체의 인터뷰와 기타 홍보영상의 인터뷰로 나눌 수 있습니다. 후자의 경우 사전에 준비된 시나리오대로 진행되기 때문에 비교적 쉬운 편입니다. 인터뷰하는 상사의 스타일을 파악해 개조식을 선호하는 지, 핵심을 간결하게 설명하는 방식을 주로 선호하는지 아니면 기억에 남을만한 인용구를 주로 쓰는 지 등을 확인해 '말씀자료'(처음 공직에 와서 이 용어를 들었을 때 무척 어색했었습니다.)를 준비하면 됩니다.

　그러나 매체와의 인터뷰인 경우에는 이렇게 간단하지 않습니다. 인터뷰를 하는 기자가 어떤 성향인지 예상하기가 어렵기 때문입니다. 그래서 인터뷰어가 예상 질문에 충실한 기자인지, 돌발 질문을 거리낌 없이 하는 성향인지를 먼저 파악해 두어야 충실한 예상 질문을 만들 수 있습니다.

예측하지 못한 질문이 나왔을 때를 대비한 예비 답변도 필요합니다. 예를 들면 검찰청사 앞에서 인터뷰하는 정치인이나 경제인의 "검찰 조사에 충실하게 임하겠습니다"나 "확인해 보고 따로 말씀드리겠습니다"와 같이 일반적이고 원론적인 수준의 답변도 미리 준비해 두면 도움이 될 수 있습니다.

인터뷰를 하는 상사에 대해서도 파악해야 합니다. 전에 인터뷰했던 클립이 있으면 모니터링해서 시선은 적절한지, 어색해 보이는 습관이나 표정, 몸짓이 있지는 않았는지를 파악한 후 예상 질문을 보고할 때 첨부하거나 구두로 설명하면 상사에게 좋은 인상을 심어줄 수 있습니다.

실무에서 언론 대응이 필요할 때는 두 가지 경우가 있습니다. 정책소통 실무자가 필요로 할 때이고, 반대로 언론이 필요할 때입니다.

전자는 새로운 정책이 나오거나 사업 또는 행사를 홍보해야 할 때입니다. 기본적인 방법은 보도자료 작성이겠죠. 보도자료 작성 역시 작성자의 관점이 아닌 보도자료 수요자인 기자들의 관점에서 써야 합니다. 리드라고 불리는 제목부터 국민의 생활에 와닿는 내용을 시작해야 합니다.

메시지 전달 방식에서도 차별화가 되어 있어야 합니다. 쉽게 알아볼 수 있도록 다양한 표현 도구를 사용해야 합니다. 온라인이 활성화되던 2000년 초반 언론계에서는 멀티태스킹Multi Tasking에 대한 논란이 있었습니다. 언론사 경영진이 글 기사를 쓰던 기자에게 현장 사진과 영상을 함께 만들기를 요구하기 시작한 거죠. 모든 기자가 이 방침에 따르지는 않았지만, 시대의 흐름에 따라 입체적인 글쓰기라는 말이 나오면서 이제는 텍스트만으로 구성된 기사에서 벗어나 영상, 사진, 일러스트, 그래픽 등이 포함된 기사가 등장하기 시작했습니다. 그래서 보도자료 작성에서도 다양한 자료들을 제공해야 합니다.

그런데 일부 보도자료를 보면 영상을 소개하거나 사이트를 홍보하면서 관련 링크조차 포함시키지 않은 경우가 더러 있습니다. 지면 보도자료가 아닌 파일 형식으로의 보도자료라면 반드시 링크를 제공해야 하고, 지면으로 제공한다면 파일 첨부를 명시한 후 웹하드나 아카이브에서 내려받을 수 있도록 안내해야 합니다. 또 수치의 변화나 추이를 설명할 때는 도표나 그래프를 활용하는 편이 좋습니다.

한 가지 간과해서는 안 될 사항이 또 있습니다. 앞서 7장에서 설명했던 공공언어를 사용해야 합니다. 어려운 한자어 사용보다는 쉽고 편한 구어체를 사용하는 습관을 들여야 합니다.

다음은 언론이 정책소통 실무자를 필요로 할 때의 상황을 살펴보겠습니다. 이때는 부정적인 기사 작성을 위한 취재 활동인 경우가 대부분입니다. 정책소통 실무자 입장에서 이럴 때는 위기상황일 가능성이 높습니다. 1차적으로 기자의 관심 사항이 무엇인지를 파악하는 것에서 시작해 어느 정도의 위기인지를 파악하고 그에 따른 대응 전략을 만들어야 합니다. 언론 대응은 신속성, 정확성, 일관성이 핵심입니다. 평상시에도 마찬가지지만 위기상황일수록 더 철저한 팩트 기반 대응이 요구됩니다.

위기는 늘 가까이에서 예고 없이

정책소통 실무에서 '위기상황'이란 정책 대상자의 신뢰가 급속히 무너지는 상황을 의미합니다. 위기의 유형은 자연재해, 사회적 갈등, 공직자 비리, 제도 시행 오류 등 다양합니다. 각 위기 유형은 사전에 대비하지 않으면 걷잡을 수 없는 불신으로 확산됩니다.

가장 좋은 건 예방하는 것입니다. 위험 요소를 파악하고, 위기 대응 매뉴얼을 정비하며, 시뮬레이션 훈련을 통해 미리 대비하여야 합니다. 하지만 아무리 준비를 잘했다고 해서 위기의 순간이 찾아오지 않는 건 아닙니다. 예측하지 못한 위기상황은 어느 날 갑자기 늘 발생할 수 있습니다. 이때 필요한 건 침착하게 기본적인 원칙을 머리에 떠올리는 것입니다.

일단 위기 발생 시에는 정보의 신속한 공개, 사실 기반의 메시지 설계, 소통 창구 단일화가 가장 중요합니다.

예를 들면 코로나19 방역 홍보 초기에는 마스크 수급 혼선으로 인한 어려움이 있었습니다. 결국 마스크 품귀 현상을 빚을 정도가 되자 언론의 비판과 국민들의 불만이 폭증했습

한국토지공사 직원들의 대규모 부동산 투기의혹이 불거졌던 LH 사태에서는 정보 공개를 늦추면서 비판적 여론이 만들어지고, 이후 정책 전반에 대한 불신으로 확산되었다. 대국민 공개사과하는 LH 임원진들. 출처: 한국토지주택공사 홈페이지

니다. 이후 질병관리청은 재빠르게 대응에 나서, 실시간 브리핑과 데이터 기반 안내 등을 지속적으로 제공하면서 점차 신뢰를 회복했습니다.

반면, 한국토지공사 직원들의 대규모 부동산 투기의혹이 불거졌던, 이른바 LH 사태에서 국토부와 한국토지공사는 개인정보 등 민감한 사항이 포함되었다는 이유로 정보 공개를 다소 늦추었습니다. 당연히 언론은 무언가 숨기는 게 있다는 의심을 갖고 보강취재에 열을 올렸고, 이에 따른 비판적 여론이 형성되면서 이후 정책 전반에 대한 불신이 확산되었습니다. '늦게 말할수록 거짓말이 된다'는 원칙을 명심해야 합니다. 위기 시 메시지는 신속해야 하고, 일관성을 지켜야 하며, 사실에 입각한 내용만을 담아야 합니다.

이 시기에 업무량은 급속히 증가하고 스트레스 지수도 매우 높아져 심신이 매우 피로해집니다. 그래서 자신도 모르게 짜증이나 분노 등의 다양한 감정이 드러날 때가 있습니다. 수많은 업무 중에 아주 사소한 부분으로 느껴질 수 있는 이런 감정 표현은 그간의 모든 수고를 한 번에 날려버릴 정도로 사건이나 사고의 피해자 또는 언론에게 매우 큰 실망감으로 확대될 수 있습니다. 반드시 기억해야 할 것은 감정적 대응을 자제하고 발생한 상황에 대해 공감을 표현한 후 명확한 책임 설명을 해야 합니다.

정책소통 업무 담당자라면 누구나 한번 이상 크고 작은 위기 상황을 맞이합니다. 이때가 가장 힘든 시기가 될 수도 있습니다. 대신 성공적으로 잘 대처했을 경우에는 수고로움에 상응하는 성과를 낼 수 있는 기회가 되기도 합니다.

10년이 지나도…

"사고 대응에 만전"…"또 인재人災"…"유가족, 정부 늑장 대응에 분통". 크고 작은 사건사고가 발생했을 때 기사에서 자주 접하는 문구입니다. 10년 전 기사를 찾아보거나 최근의 기사를 찾아봐도 이 내용은 거의 매번 동일합니다. 왜 그럴까요? 내 가족이 희생자일지 모르는 상황에서 본질적으로 사건사고의 당사자들은 정부의 대응이 신속하지 않다고 느낄 수밖에 없습니다.

반면 정부의 대응은 그리 간단한 일이 아닙니다. 누가 어떤 일을 담당해야 하는지부터 사후 처리 관리까지 전반적인 프로세스는 신중하고, 꼼꼼하게 처리되지 않으면 더 큰 문제를 불러일으킬 수 있기 때문입니다. 설사 아무리 빨리 대응한다고 해도 한시가 급한 당사자로서는 일각이 여삼추처럼 느껴질 수밖에 없을 겁니다. 따라서 실무에서 위기상황을 접했을 때 가장 먼저 해야 할 것은 의견 청취입니다.

위기상황은 사건사고로 발생하기도 하고, 언론에 의해 또는 민원에 의해 발생합니다. 각 상황의 당사자들은 피해자, 기자, 민원인이겠죠. 정책소통 담당자들이 가장 먼저 해야 할 일은 우선 이들을 만나는 일입니다.

'위기상황이 발생했을 때 즉각적인 응답을 하는구나'라는 이미지는 향후 전개될 다양한 변수에서 긍정적으로 작용할 수 있습니다. 당사자들의 부정적인 반응은 자연스러운 일입니다. 이때 중요한 것은 긍정적인 변화를 끌어낼 수 있도록 효과적인 대응을 하는 것입니다.

무엇보다 피해를 입은 사람들에게 진심 어린 사과와 공감을 표명하는 것이 중요합니다. 우리 정부부처나 공공기관은 사과에 무척 인색한 편입니다. 사과를 하는 순간 정부의 잘못을 인정하는 것이 될 수 있다는 생각 때문이겠지만, 이와 같은 시각은 반대로 정부는 매번 잘못을 인정하지 않고 변명만을 일삼는다는 부정적 이미지를 줄 때가 더 많습니다. 공식적인 대응이 아닌 실무자 선에서의 최초 소통방법은 피해자들이 느끼는 불안과 불만을 이해하고 있다는 메시지를 전달하는 것입니다. 꼭 사과가 아니어도 이 정도의 공감만으로도 부정적인 감정을 완화시킬 수 있습니다.

다만 섣부른 대응책이나 해결방법을 얘기해서는 안 됩니다. 위기상황의 당사자는 여러분에게 무언가 해결책에 관한

정부 부처나 공공기관은 사과에 무척 인색한 편이다. 그러나 이 같은 입장은 정부는 매번 잘못을 인정하지 않고 변명만을 일삼는다는 부정적 이미지를 줄 때가 더 많다. 이태원 참사 등 사회적 참사를 겪은 유가족들과의 대화에서 정부가 책임을 다하지 못했다며 사과하는 대통령.
출처: 대통령실

이야기를 듣고 싶어 할 겁니다. 그리고 이때 무심코 말한 섣부른 답변은 족쇄로 작용할 수도 있기 때문입니다.

위기 상황에서 가장 중요한 원칙은 투명하고 책임감 있는 소통과 신속한 대응입니다. 위기 발생 시, 정보가 빠르고 정확하게 전달되지 않으면, 부정적인 추측과 소문이 확산될 수 있습니다. 따라서 위기 대응 소통에서는 다음과 같은 원칙을 지켜야 합니다.

정보의 투명성

모든 사실을 숨김없이 공개하여 신뢰를 구축합니다. 위기 초기에는 완벽한 정보가 없을 수 있지만, 알려진 사실을 정확히 전달하고, 알지 못하는 사항은 확인 후 추후 공지하겠다는 입장을 분명히 밝혀야 합니다. 무언가 숨긴다는 인상을 주어서는 안 됩니다.

신속한 대응

위기 상황에서는 시간이 중요한 역할을 합니다. 준비가 미진하다는 이유로 대응이 늦어질수록 문제는 더 커질 수 있습니다. 우선적으로 발표할 수 있는 내용을 먼저 추리고 가능한 범위 내에서 최대한 빨리 초기 대응을 시작한 후, 지속적으로 업데이트를 제공합니다. 위기 상황에서는 계속해서 변화하는 정보들이 있기 때문에, 소통의 일관성을 유지하는 것이 중요합니다. 신속히 대응하되 이야기의 핵심 메시지와 정책적 의도가 변하지 않도록 관리해야 합니다.

책임감 있는 소통

정부나 공공기관은 위기 상황에서 발생한 문제에 대해

책임지고, 문제 해결을 위해 미봉책이 아닌 구체적인 계획을 명확히 제시해야 합니다.

대응 초기부터 부정적인 반응에만 초점을 맞추지 말고, 문제를 해결하기 위한 구체적인 행동 계획과 진전을 보여주는 것이 필요합니다. 단순히 사과하는 것에서 그치지 않고, 실질적인 변화를 약속하고 실천하는 모습을 보여야 합니다. 그렇지 않으면 이후 발생할지 모르는 또 다른 위기상황에서는 이미 신뢰를 잃고 대응을 시작할 수밖에 없습니다.

이 세 가지가 위기상황에 필요한 원칙입니다. 현장에서 잘 지켜지고 있을까요?

이태원 참사가 발생한 다음 날 희생자 중에 당시 제가 근무하던 과에서 진행하는 인플루언서 사업에 참여했던 외국인 두 명이 포함돼 있다는 사실을 실무자에게 보고받았습니다. 그 두 사람은 대한민국에 대한 애정이 매우 컸고, 우리 사업에도 적극적으로 참여했던 친구들이었습니다. 일차적으로 SNS에 애도의 뜻을 표하는 간결한 메시지를 올리고 구체적인 상황 파악을 지시했는데, 그날 저녁에 대통령실에서 조의

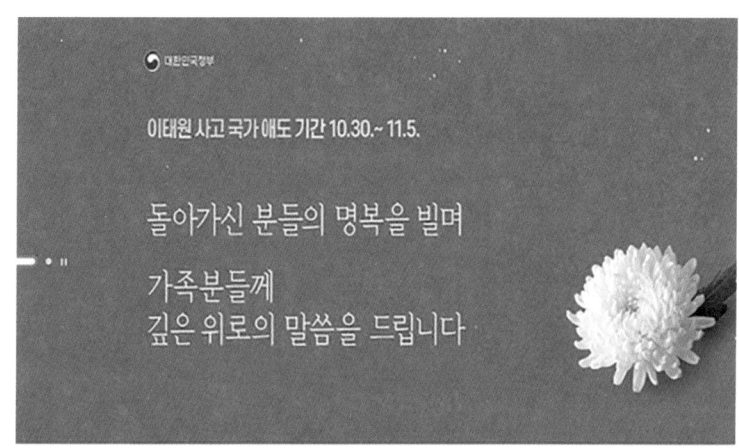

위기 상황에서 일원화된 소통 지침을 마련하는 것은 중요한 일이다. 그러나 지침이 방향 제시가 아니라 구체적인 행동까지 제어한다면 실무선에서는 결정이 내려질 때까지 신속한 대응은 어려워진다. 참사를 사고로 표현하는 등으로 일원화한 정부 공식 추모 메시지.
출처: 정책브리핑

이미지는 모두 동일하게 처리, 참사라는 말을 사용하지 말 것 등등의 지시가 내려왔습니다.

결국 기존에 제작한 이미지를 내리고 다음 날 정부 통합 이미지를 사용한 정부 통일 메시지를 게재했죠. 참사라는 말이 빠지고 대신 사고로, 근조리본은 사용하지 말고, 희생자 이름을 쓰지 않는 등의 지침을 반영한 새로운 이미지가 만들어졌습니다. 하지만 결과적으로 신속한 대응의 이미지는 이미 시간을 놓쳐버렸습니다.

위기상황에서 컨트롤타워를 구축하고 일원화된 소통지침을 마련하는 것은 매우 중요한 일입니다. 하지만 그 지침이 방향 제시가 아니라 구체적인 행동까지 제어한다면 실무선에서는 결정이 내려질 때까지 수수방관할 수밖에 없습니다. 이건 정책소통뿐만 아니라 모든 분야에서도 마찬가지입니다. 위기상황 대응 원칙과 같이 급박하고 변화무쌍한 현장에서 판단할 수 있는 기본적인 방침을 잘 정리해 전달하면 현장은 이를 활용해 훨씬 더 빠른 대응을 할 수 있습니다.

또 한 가지 반드시 필요한 것은 소통 창구의 일원화입니다. 위기상황에서는 언론의 전화, 현장에서의 문의가 끊이지 않습니다. 기자 입장에서는 현장성을 살리기 위해 직접적인 실무책임자의 이야기를 듣고 싶어 합니다. 하지만 정신없이 현장에서 일하는 실무자는 상황 전체에 대해 정제된 메시지를 내기 어렵습니다. 따라서 정책소통 실무자를 통해 언론 대응과 민원에 대한 답변이 제공될 수 있도록 소통창구를 일원화해야 합니다. 현장 답변이나 인터뷰가 필요하다면 소통 담당부서에서 간단한 가이드를 제시하는 것도 좋은 방법입니다.

위기관리의 단계별 실행전략은 크게 사전 예방단계와 위기발생단계, 사후 복구단계로 구분할 수 있습니다.

사전 예방 단계에서는 정책 추진 과정에서 발생할 수 있는 잠재적 리스크를 사전에 식별하고, 대응계획을 마련합니다. 감수와 검증 시스템을 도입해 콘텐츠 제작 및 메시지 전달 전에 외부 전문가 또는 타 부서의 검토를 통해 문제를 사전 차단합니다. 또 위기 시뮬레이션 훈련을 통해 주요 위기 상황을 가정해 대응 절차를 훈련하며, 관계자 간 협업 체계를 점검합니다. 위기 대응 매뉴얼도 구축해 두어야 합니다.

위기 발생 단계에서는 신속한 상황 파악을 통해 위기 발생 직후, 사실관계를 확인하고 위기 수준을 평가합니다. 공식 대응 메시지를 발표해 언론과 SNS를 통해 일관된 메시지를 견지하고, 대상자에게 정확한 정보를 제공합니다. 그리고 내부적으로 대응 팀을 구성해 실시간으로 상황을 모니터링하고, 주요 이슈에 대한 의사결정을 내립니다.

마지막으로 사후 복구 단계에서는 피해를 입은 대상자에게 보상이나 복구 방안을 제시하며 신뢰를 회복합니다. 그리

예상하지 못한 상황에서 발생하는 위기 대응을 위해서는 모의 훈련을 통해 주요 위기 상황을 가정해 대응 절차를 훈련하며, 관계자 간 협업 체계를 점검해야 한다.
출처: 과학기술정보통신부

고 위기 상황에서의 대응 결과를 평가하고, 이후 유사한 문제가 재발하지 않도록 프로세스를 개선합니다. 이후 대응 과정과 결과를 내부적으로 공유해 학습 자료로 활용합니다.

물타기와 뭉개기

실무에서 활용되는 위기 대응 중 '물타기'와 '뭉개기'가 있습니다. 물타기는 위기상황이 발생했을 때 이슈가 확산되는 것을 막기 위해 다른 이슈를 제기하는 것입니다. 일종의 성동격서聲東擊西 전략이죠. 일반 기업에서 오너리스크가 발생했을 때 사회공헌 사업 중 하나를 근사하게 포장해서 기사화하거나 신제품 출시를 예정보다 앞당기는 방식입니다. 1차적으로 평소 확보해둔 우호적인 언론을 대상으로 쓸 만한 기삿거리를 제공하고, 보도자료를 잇따라 내며 포털 뉴스 기사의 상단에 배치되어 있는 기사를 다른 기사로 밀어내립니다.

뭉개기는 대응하기 쉽지 않고 섣불리 대응하면 파장의 확산이 우려될 때 필요한 전략입니다. 커뮤니케이션 이론에서도 갈등 해결의 방법 중 하나로 갈등의 회피를 꼽습니다. 시간이 지나면 다른 이슈가 나오고 자연스럽게 현 이슈가 자연스럽게 가라앉을 때까지 기다립니다. 비교적 작은 규모의 위기 상황일 때 이와 같은 대응책은 효과를 볼 수 있습니다. 하지만 대형 사건사고가 발생한 경우 이와 같은 대응책은 오히려 부정적인 효과를 증폭시킬 수도 있습니다.

실무 팁

- 언론 대응 시 '사실만 전달' 원칙을 고수.

- 모든 위기상황에서 브리핑자료는 최대한 간결하고 반복적 메시지로 구성

- 실시간 질의응답에 대비해 FAQ 리스트를 사전 작성

- 책임 회피는 단기적으로 방어가 될 수 있어도 장기적으로 더 큰 위기를 부른다는 점을 명심

하고 싶은 광고, 해야만 하는 광고

정책소통실무에서의 매체 활용은 TV, 라디오 등 방송, 포털, SNS 등 온라인, 신문·잡지 등 인쇄매체, 옥외광고 등을 들 수 있습니다. 앞서 트렌드와 영향력 면에 있어서는 온라인 광고가 증가하는 추세이고 기존 레거시 미디어는 감소하고 있다는 설명을 드린 바 있습니다. 옥외 매체의 경우 디지털 사이니지 등 관련 기술이 발전하면서 최근 활용사례가 늘어나고 있습니다. 정책소통 실무자 입장에서는 이런 트렌드에 따라 해당 정책에 가장 효과적인 미디어믹스를 구현하고

싶지만 그리 쉬운 일이 아닙니다. 여기에는 우리 언론 환경의 출입처 제도가 하나의 원인으로 작용합니다.

정부부처, 지방자치단체, 공공기관 등에서는 해당 부처와 기관에 출입하는 기자들이 소속된 매체에 거의 모두 광고를 줍니다. 일부는 평가 방식을 만들어 집행 기준을 만들어두기도 하지만 관행적으로 집행하는 경우가 대부분입니다.

80~90년대 시절에는 소위 '대포광고'라는 게 있었습니다. 특정 매체에서 광고가 나가면 경쟁 매체는 광고주의 허락을 받지도 않은 상태에서 일단 똑같은 광고를 실은 후 광고비를 요구하는 걸 말합니다. 지금이야 이런 식의 무모한 광고 게재는 통용되지 않지만 지금도 출입 기자를 통해 해당 기관의 광고를 유치하는 관행은 여전히 존재합니다.

레거시 미디어 기자들의 경우 광고를 유치하면 해당 매체는 수수료라는 명목으로 광고비에서 3~10% 정도의 인센티브를 제공합니다. 기자도 적극적으로 나서는 이유입니다. 개인적으로 출입처 제도는 일부 장점에도 불구하고 폐해가 더 크다고 봅니다. 노무현 정부 시절 출입처 폐쇄를 시도한 적이 있지만 진보지와 보수지 관계없이 거의 모든 기자들이

출입처 제도는 자유로운 취재를 방해하고 내부 카르텔을 형성하는 등 단점이 많다. 정부와 일부 언론이 한때 출입처 제도 폐지를 시도한 적이 있지만 기자들의 반발로 제도는 여전히 유지되고 있다.
출처: 문재인정부 청와대

일치단결해 저항했고 결국 이명박 정부가 들어서면서 사실상 원상복귀된 사례가 있습니다.

출입처 제도가 단점이 많다고 해서 정책소통 담당자들이 출입처 제도의 폐지를 위해 직접 나설 수는 없을 겁니다. 그렇다면 차선책은 지금의 제도와 방식을 적절하게 활용하는 정도일 것입니다.

현행법상 돈을 주고 기사 작성을 요구하는 것은 엄격하게 금지되고 있습니다. '기사 엿 바꿔 먹는다'라고 표현하는 이런 구습은 당연히 사라져야 할 과거의 유물입니다. 그럼 어떻게 해야 할까요? 기자들이 관심을 가질만한 뉴스 가치를 발굴하는 것이 가장 중요합니다. 똑같은 내용이라도 기사가 될 내용으로 잘 가공하면 기사가 되고, 그러지 못하면 광고나 홍보가 될 수밖에 없는 건 당연한 일입니다.

그래서 정책소통 실무자들의 기본적인 훈련이 필요합니다. 요즘은 온라인 포털을 통해 뉴스를 보는 사람들이 대부분이라 뉴스의 중요도에 대한 학습을 하기가 그리 쉽지 않습니다. 하지만 정책소통 담당자들이라면 방송 뉴스와 신문을 꼭 보시길 권해드립니다. 보도되는 내용 외에 방송 뉴스의 순서, 신문의 각 면별 편집 배열에 대한 지속적인 학습과 관찰은 뉴스 가치를 익힐 수 있는 가장 좋은 방법입니다.

본인이 담당하는 정책이나 사업에 책정된 홍보비 예산은 예상하지 못한 곳에서 장애물을 만날 수 있습니다. 원하는 매체의 스페이스를 찾지 못해서일 수도 있고, 갑자기 들어오는 매체 홍보비 할당일 수도 있습니다. 여기서 여러분이 배양한 뉴스 가치를 추출할 수 있는 능력은 효과를 발휘할 수 있습니다.

실무 팁

- 기자 연락처와 보도 성향 파악해 두기

- 취재요청에는 가능한 빨리 응답

- 보도자료에는 핵심 메시지를 제목에 명시

- 인터뷰 후 보도 내용을 반드시 모니터링하고, 오류가 있으면 정정보도를 요청

- 뉴스 모니터링 지속하기

측정과 회복:
실무자의 지속가능한 정책소통 전략

정책소통도 다른 행정 분야처럼 명확한 기준 아래 평가를 받습니다. 중앙부처의 평가는 문화체육관광부 소통실을 중심으로, 지방자치단체는 행정안전부가 주관하며, 공공기관은 기재부 또는 소속 부처나 지자체가 주체가 되어 소통 성과를 경영평가에 포함하여 반영합니다.

이러한 평가는 단지 '얼마나 많은 홍보를 했는가?'에 머물지 않습니다. 얼마나 전략적으로 메시지를 설계했고, 실제 수용자에게 영향을 주었으며, 정책의 수용성과 참여도에 기여했는지를 종합적으로 살펴보는 것이 핵심입니다.

문화체육관광부의 정책소통 평가지표를 예로 들면 다음

과 같은 항목이 포함됩니다. 첫째, 정책소통 활동에서는 부처 협업 활동과 각 부처가 보유한 매체의 활용도를 평가합니다. 둘째, 정책소통 성과에서는 주요 정책소통 목표 달성 여부와 언론보도 대응 및 우수사례, 온라인소통, 기관장 소통 등을 점검합니다. 셋째, 체감도에서는 부처의 주요 소통 활동에 대한 만족도 조사와 온라인 소통 체감도를 봅니다.

이에 따른 세부 평가지침에는 콘텐츠의 질적 수준과 콘텐츠 다양성, 정책 난이도에 맞는 시각 자료 활용, 정책 흐름에 맞춘 시리즈 기획력 등이 들어가 있습니다. 각 기관별 정책소통 활동 및 성과에 대해서는 문체부와 '민관합동 정책소통 평가단'이 정량·정성 평가를 하고, 체감도는 전문리서치 기관을 통해 평가하는 소통 만족도(정성)와 정책 여론 수렴시스템 등을 활용하여 평가하는 온라인 소통 체감도(정량)로 구분하여 평가하고 있습니다.

이러한 평가 기준과 방법은 단순히 성과를 측정하기 위함이 아니라, 실무자가 현장에서 전략적으로 소통 계획을 수립하고 운영할 수 있도록 유도하는 역할을 합니다.

공공기관의 경우 기획재정부가 관리하는 경영평가에서 '소통' 항목이 반영되는데, 여기에는 ESG 경영의 사회적 책

평가항목		평가 지표	평정	비중
평가항목		평가 지표	평정	비중

정책소통 활동		• 부처협업 활동
		  - 부처 간 협업활동 참여 노력
		• 보유 매체 활용
		  - 각 부처 보유 매체를 활용한 정부 정책 협력 홍보 활동 노력
			정량	15%

정책소통 성과		• 주요 정책 소통
		  - 주요 정책 소통 목표 달성을 위한 사전협의 이행성과 및 내외신 대상 소통 목표 달성 사례
		• 언론보도 대응 및 우수사례
		  - 현안 언론보도에 대한 대응 신속도, 충실도, 실제 언론 반영 성과
		• 온라인 소통
		  - 누리소통망(SNS) 채널 운영 및 콘텐츠 제작 성과
		• 기관장 소통
		  - 언론 및 현장소통 성과, 이슈관리
			정량/
			정성
				70%

체감도		• 소통만족도 - 부처 주요 정책 소통활동에 대한 국민만족도 조사 (전문리서치 기관 조사)	정성	10%
		• 온라인 소통 체감도 - 빅데이터 분석 및 SNS 채널 이용자 반영	정량	5%

※ 쉽고 바른 공공언어 쓰기(±2점)

최근 정책소통 평가는 온라인 소통 영역에 대한 평가 비중 확대하고, 평가지표 간소화 등을 통해 부처 부담을 경감하는 방향으로 이뤄지고 있다. 문체부 정책소통 평가지표.
출처: 정부업무평가 홈페이지

임 항목에서 공공성과 수용자 중심 커뮤니케이션 실적이 포함됩니다. 공시자료, 이해관계자 소통, 국민제안 반영률, 정보 공개의 시의성 및 투명성 등이 주요 측정 지표입니다.

특히 ESG 기반 소통 항목에서는 기후변화, 안전, 사회통합, 지역균형발전 등과 같은 공공적 주제에 대해 공공기관이 어떻게 국민과 소통하고 설명하려 했는지를 정량과 정성으로 나누어 평가합니다. 고객 만족도, 민원 대응 실적, 피드백 반영 체계 등도 중요한 판단 기준이 됩니다.

공공기관 경영평가 내 '소통' 관련 항목 (기재부 주관)

1. 이해관계자와의 소통
국민, 이용자, 지역사회, 민간단체 등 다양한 주체와의 소통 경로 및 성과
공청회, 간담회, 의견 수렴 창구 운영 실적 포함

2. 정보공개 및 투명성
홈페이지, 공공데이터포털 등을 통한 정책·사업 정보 공개
수준, 정보 접근성, 설명력, 시의성 등을 종합적으로 평가

3. ESG 기반 커뮤니케이션
사회적 책임 이슈에 대한 공공기관의 대국민 설명 노력
기후변화, 안전, 사회통합 등 주제에 대한 대중 이해도 증진 활동

4. 고객 만족도 및 피드백 체계
서비스 만족도 조사, 민원 분석, VOC 시스템 운용
피드백 수렴 결과의 정책 반영 실적

각 정부 부처와 공공기관의 소통에 대한 평가는 학계와 실무자가 그간의 데이터와 이론적 개선 방향, 정책 제안 등 다양한 요소를 고려해 머리를 맞대고 만든 결과입니다. 때로는 학계의 이론이 적용되기도 하고, 반대로 실무의 의견이 반영되기도 합니다. 그러나 평가라는 결과론적 성격으로 인해 현장의 정책소통 실무자들은 이따금 볼멘소리할 때가 있습니다.

제가 지역의 문화재단에 있을 때 평가수행처에서 새로 만든 소통 평가 항목 중 SNS 평가지표에 대해 소통전략부 직원들이 이의를 제기한 적이 있었습니다. 종전에 콘텐츠 업로드 수와 조회 수를 별도 항목으로 구분 지었던 것을 하나로 묶어 총 조회 수를 업로드한 콘텐츠 수로 나눠 각 콘텐츠의 평균값을 새로운 지표로 활용하겠다는 것이었습니다. 내용을 검토한 후 이 사안에 대해서는 직원들에게 간단히 정리해 줄 수 있었습니다. "업로드 콘텐츠 수를 줄이면 되겠네." 전체 업로드한 콘텐츠 수를 모수로 총 조회수를 나눈다면 모수를 줄이면 될 거라는 조삼모사식의 해법을 농담처럼 던졌던 적이 있었습니다.

정량평가 요소를 강화하고, 전반적인 콘텐츠 품질에 대해 점검하겠다는 평가위원들의 의중은 충분히 이해할 수 있지만 개인의 성과 평가와도 연결된 상황에서 현실성 없어 보이는 평가 항목들이 일부 눈에 보이는 것은 사실입니다. 특히 온라인 플랫폼의 구독자 수, 좋아요 수, 댓글 수 등 각종 지표를 매년 전년 대비 5~10% 상향해 목표를 잡는 것은 실질적으로 불가능한 일입니다. 각 플랫폼의 전략과 해당 채널의 성격에 따라 한계 수치는 분명 존재하기 때문이죠. 중장기적으로 정량목표를 설정하고, 이후에는 유지 방안에 대한 정량지표를 개발하거나 정성지표로 내용을 보강하는 대안이 필요할 겁니다. 실무자들이 평가가 현실에 맞지 않다고 불평만 하지 말고 현장에서 바라본 개선점을 평가 수행 조직에게 적극적으로 전달할 필요가 있습니다.

이렇듯 정책소통에서 성과와 평가는 종종 조회 수, 좋아요 수, 구독자 수 등의 '수치'로 대표됩니다. 하지만 이 숫자들이 정말 정책소통의 성공을 의미할까요? 실무자들은 잘 알고 있습니다. 진짜 소통은 숫자가 아닌 '반응'에서, '변화'에서 시작된다는 사실을요.

정책소통의 성과는 무엇으로 증명되는가

성과를 측정하는 가장 손쉬운 방법은 '보이는 것'입니다. 조회 수, 공유 수, 언론 노출 수 같은 수치는 일단 숫자가 나오기 때문에 보고서에 쓰기 좋습니다. 하지만 정책소통의 진정한 성과는 국민의 인식 변화, 정책에 대한 수용성 증가, 참여 의지로 나타나야 합니다. 가령, 어떤 정책 카드뉴스가 SNS에서 수십만 회의 조회 수를 기록했다고 해도, 그 내용이 실제 정책에 대한 오해를 불러일으켰다면 과연 그것을 성과로 볼 수 있을까요?

진짜 성과는 '소통' 그 자체에 있습니다. 정책의 진의를 국민이 정확히 이해했고, 반발보다는 수용으로 이어졌고, 때로는 정책 개선을 위한 피드백까지 유도했다면 그것이 바로 정책소통의 목적이자 성과일 것입니다.

정량과 정성의 균형

현재 많은 부처와 기관에서는 정책소통을 평가할 때 정

량 지표에 크게 의존합니다. 특히 SNS 운영 관련 지표들은 구독자 수, 게시물 수, 좋아요 및 댓글 수 등 수치화 가능한 항목으로 나뉘어져 있어, 실적 평가나 인센티브 기준으로 사용되곤 합니다.

그러나 정량 지표는 그 자체로 '질'을 보장하지 않습니다.

예를 들어, 한 기관이 구독자 수 10만 명을 목표로 설정하고 이를 달성했다고 해도, 이 계정이 실제로 정책 대상자에게 도달했는가, 혹은 전달된 정보가 정확히 이해되었는가 하는 측면은 전혀 고려되지 않을 수 있습니다. 오히려 어떤 공공기관에서는 "구독자 증가율을 높여야 한다면 기존 계정을 없애고 새로 만들자"는 식의 편법을 제안했다는 이야기를 들은 적도 있습니다.

정성 평가 지표는 이와 같은 맹점을 보완합니다. 콘텐츠의 기획 의도와 메시지 적합성, 수용자의 반응과 공감도, 정책 연계성 등은 숫자로 나타내기 어렵지만 평가의 본질에 가깝습니다. 최근에는 이러한 정성 평가를 위해 외부 전문가 심사, 수용자 평가단, 심층 인터뷰 등이 점차 활용되고 있습니다.

'보고용'이 아닌 '개선용'으로

정책소통 담당자에게 '성과 평가'는 성취의 증명이 되기도 하지만, 때로는 부당한 기준에 따른 부담으로 다가오기도 합니다. 특히 실무자들은 자신이 직접 수립하지 않은 평가지표에 따라 업무의 성과를 평가받는 경우가 많습니다.

"이번 달 카드뉴스는 20건이 안 되니 평균 이하네요."

"이 계정은 구독자가 3천 명밖에 안 되네요. 계정 폐지 검토합시다."

정책소통의 진정한 성과는 조회 수나 보도자료 배포 건수 등 정량지표가 아니라 국민의 인식 변화, 정책에 대한 수용성 증가, 참여 의지로 나타나야 한다.
출처: 챗GPT 생성 이미지

이런 말들은 실무자의 사기를 떨어뜨릴 뿐만 아니라, 장기적인 정책소통 전략에도 악영향을 줍니다. 정책소통은 단기간에 성과가 나오기 어려운 분야입니다. 사회적 인식은 느리게 바뀌고, 신뢰는 오랜 시간에 걸쳐 쌓입니다. 수치 중심의 단기 평가보다 '과정 중심의 성찰'과 '장기 목표에 따른 점진적 성과 측정'이 필요합니다.

성과평가는 단순히 "잘했는가, 못했는가"를 나누는 절차가 아닙니다. 정책소통에서 평가는 전략을 다시 설계하는 데 핵심 도구가 될 수 있습니다.

실무자가 피드백을 평가보고서에 묶어 제출하는 것에 그치지 않고, "왜 이 콘텐츠의 반응이 좋았는가?", "어떤 채널에서 어떤 유형의 메시지가 효과적인가?"를 분석하는 것은 다음 기획의 방향을 잡는 데 매우 중요합니다.

SNS 분석 도구나 댓글 감성 분석, 뉴스 키워드 흐름 분석 같은 방법을 활용해 데이터 기반의 개선 전략을 수립하는 일도 필요합니다. 이를 통해 단순 반복이 아닌, 축적된 성과를 기반으로 한 발전이 가능합니다.

앞으로의 정책소통은 단지 좋은 메시지를 만드는 데서 끝나지 않을 것입니다. AI와 자동화 기술이 발전함에 따라 실시간 피드백 분석, 관심사 기반 타겟팅, 자연어 요약 기능 등을 잘 활용하면 정책소통 실무자의 업무를 더욱 과학적이고, 섬세하게 개선할 수 있을 것이라고 봅니다. 그에 따라 평가 방식도 좀 더 과학적으로 발전할 수 있을 것으로 기대합니다.

정책소통의 '성과'란 무엇인가

우리는 소통의 결과를 수치로 환산해야 하는 시대에 살고 있지만, 그럼에도 불구하고 잊지 말아야 할 사실이 있습니다. 정책소통의 진짜 성과는 조회 수나 클릭 수가 아니라, 국민의 변화된 인식과 행동입니다.

국민들이 그 정책을 '이해'했는가?
그들이 '동의'했는가?
그 정책이 '삶을 바꿨는가?'

이 세 가지 질문이야말로 실무자가 스스로에게 던져야 할 진짜 평가지표입니다. 정책소통의 성과란 잘 만든 보고서나 표가 아니라, 국민이 "이건 내 이야기다"라고 느끼는 순간에서 시작됩니다.

실무 팁

- 매일 30분 정책 뉴스 및 여론 동향 점검
- 주 1회 정책소통 우수사례 분석
- 분기별 1회 외부 커뮤니케이션 역량 교육 참여
- 회의 후 1일 이내 브리핑 요약 정리
- 부서 간 협업 회의 월 1회 정례화
- 소통 데이터 대시보드 운영 및 실시간 점검

공무원도 인간이다. 실무자의 생존전략

정책소통 실무자는 일상적인 기획·집행 외에도 예기치 못한 위기 대응, 여론 동향 분석, 내부 보고 등의 다양한 임무를 수행합니다. 이러한 복합적 역할 속에서 자기관리는 일의 지속가능성을 높이는 핵심 조건이 됩니다.

감정노동은 정책소통 업무의 본질적 요소입니다. 민원 대응, 비판 여론 수용, 언론 질의 등 감정적 피로도가 누적될 수밖에 없습니다. 회복탄력성^{resilience}을 키우기 위한 마음 챙김, 동료 간 감정 공유, 충분한 휴식이 중요합니다. 각 기관에서도 이를 위한 프로그램 개발에 적극 나서야 합니다. 최근 기초자치단체가 가장 적극적으로 나서고 있는 모양새입니다. 양산시, 서귀포시, 삼천포시는 민원 현장의 최 일선에서 시민을 응대하며 감정노동에 시달리는 공무원들을 위해 '감정회복 워크숍'을 개최하고 있습니다. 공직자의 정서적 안정은 곧 시민 만족 행정의 시작인 만큼, 실효성 있는 정서 지원 프로그램은 다른 공공기관에도 확대하는 것이 바람직해 보입니다.

감정적인 피로를 푸는 것과 함께 빠르게 변화하는 소통 환경에 적응하기 위한 자기계발 노력도 병행해야 합니다. 실무자는 매일 일정 시간을 정보 업데이트, 사례 조사, 자료 작성 연습 등에 할애해야 합니다. 또한 정책 흐름을 읽는 통찰력과 새로운 디지털 툴을 습득하는 유연성도 필요합니다. 이를 위해 조직은 실무자에게 정기적인 커뮤니케이션 교육과

공직자의 정서적 안정은 곧 시민 만족 행정의 시작인 만큼, 실효성 있는 정서 지원 프로그램을 확대할 필요가 있다. 서귀포시의 강정회복 워크숍.
출처: 제주 서귀포시청

피드백 구조를 제공해야 합니다. 사례 기반 교육, 모의 인터뷰, 외부 강사 초빙 등이 효과적일 수 있습니다.

'재주부리는 곰'

2023년 3월께 대통령실에서 두세 통의 전화를 받았습니다. 서로 다른 부서였는데 요점은 모두 대통령의 미국 순방에 맞춰 뉴욕 타임스퀘어 광장 전광판에 광고를 하자는 제안이었습니다.

타임스퀘어 광장에 설치된 전광판이 몇 개나 될까요? 수백 개가 넘는 전광판 중에는 국내업체인 현대자동차, 삼성전자, LG전자의 전광판도 있습니다. 이 많은 광고판 사이에서는 아주 뛰어난 영상이나 특이한 메시지가 아닌 이상 그리 큰 광고효과를 기대하기는 어렵습니다.

그럼에도 불구하고 이곳에 있는 상업용 전광판에 몇만 불씩 주고 광고를 하면 어떤 다른 효과가 있을까요? 물론 효과가 있습니다. 해외가 아닌 국내 홍보죠. 가끔 한복이나 독도 등 한국문화를 홍보하는 영상이나 사진이 타임스퀘어 광장 전광판에 나왔다는 기사를 보신 적이 있을 겁니다. 뉴욕 전광판에 이런 걸 알렸다는 기사가 나오면 보통 사람들은 해당 광고에 대해 긍정적인 이미지를 갖습니다.

결국 타임스퀘어 전광판을 활용한 홍보는 해외 홍보보다는 국내 홍보를 노린 것이라고 보는 편이 효과 측면에서 볼 때 맞습니다. 그래서 당시 저는 이 제안에 대해 부정적이었는데 당시 문체부 담당 국장께서는 제 의견에 동의하지만, 대안을 제시하라고 말씀하셔서 결국 퇴사를 한 달 앞두고 한미동맹 70주년을 기념하는 앰비언트^{Ambient} 광고를 만들게 됐습니다.

앰비언트 광고는 유동인구가 많은 일상적인 공간이나 공공장소 등에 설치된 지형·지물을 활용해 눈에 띄는 구조물을 만드는 광고 기법입니다. 횡단보도의 노란색 막대를 응용해 감자튀김을 광고한 한 맥도널드 광고나 엘리베이터에 붙인 오레오 과자가 하강하면 하단에 설치된 우유 컵에 담기는 이미지를 연출하는 등 많은 볼거리를 제공하면서 사람들의 눈길을 끌었습니다.

제가 처음 접한 앰비언트 광고는 2017년 출장차 갔던 베

앰비언트 광고는 유동인구가 많은 일상적인 공간이나 공공장소 등에 설치된 지형·지물을 활용해 눈에 띄는 구조물을 만드는 광고 기법이다. 횡단보도를 활용한 감자튀김 광고와 공사장 가림막을 활용한 스팀다리미 광고.
출처: 챗GPT 생성 이미지

를린의 공사장 외벽에 설치된 스팀다리미 광고였습니다. 공사 가림막을 광고판으로 활용한 것도 참신했었는데 길게 늘어져 있는 줄을 당기면 가림막 상단에 인쇄된 다리미에서 스팀이 나오는 방식이었습니다.

결국 앰비언트 광고는 아이디어가 가장 중요한데 현지 답사하기도 시간이 촉박한 상황에서 한 달 만에 좋은 아이디어를 내긴 쉽지 않았습니다. 결국 국내에서 앰비언트 광고를 제일 잘한다고 알려진 한 분과 기존의 레퍼런스를 응용해 주 워싱턴 한국문화원 외벽에 한미 의장대가 실제 깃발을 드는 광고판을 제작하는 수준으로 일을 마무리했습니다.

뒷이야기를 잠깐 덧붙이면 해당 사진은 대통령의 출국일 아침에 주요 일간지 1면을 장식했는데, 정작 관련 기사에는 실무를 담당했던 담당 부서는 빠지고 대통령실 해외홍보비서관실과 광고제작자의 작품이라는 찬사만 실리더군요. 음지에서 일하고 양지를 지향하는 곳이 국정원만은 아니었습니다. '재주부리는 곰'은 대부분 정책소통 실무자라는 불편한 현실을 다시 한번 확인했던 사례였습니다.

주 워싱턴 한국문화원 외벽에 한미 의장대가 실제 깃발을 들고 있는 앰비언트 광고는 주요 일간지 1면을 장식했지만, 실무를 담당했던 정책소통 실무자의 노고는 드러나지 않는다.

'채주무관' 괴롭히기

우리가 살아가는 일상에도 훗날 역사적으로 기록될 몇 가지 사건들이 있습니다. 기술의 진보가 사회의 변화를 이끈 대표적인 사례는 90년대 후반 시작된 인터넷의 출현이었고, 두 번째는 아이폰의 등장으로 시작된 모바일 시대라고 볼 수 있습니다.

소통의 영역에서도 이에 따른 변화가 있었는데 대표적인

게 검색입니다. 검색은 포털사이트에서 시작돼서 현재는 영상을 기반으로 하는 유튜브로 옮겨갔습니다.

그리고 이제 챗GPT를 비롯한 AI 언어모델로 넘어갈 것으로 보입니다. 챗GPT는 대형언어모델[LLM:Large Language Model]이라고 불리는데 대규모 언어 데이터를 학습해 문장 구조에서 문법, 의미 등을 파악하고 자연스러운 대화 형태로 상호작용을 할 수 있도록 개발한 AI 언어모델입니다.

대표적인 AI 언어모델인 챗GPT는 이미 우리의 일상을 조금씩 바꿔놓고 있습니다. 함께 소통 업무를 했었던 한 사무관은 최근에 챗GPT를 채주무관이라고 부르며 자료 검색, 초안 작성 등 기본적인 업무에 활용하고 있다고 하더군요. 저도 이 책을 쓰면서 챗GPT의 도움을 좀 받아볼까 했는데 가짜뉴스와 태연한 거짓말을 너무 자연스럽게 답변으로 내놓아서 이내 포기했습니다. 아직까지 챗GPT와 같은 AI 모델은 무엇이든 소원을 들어주는 아라비안나이트의 지니가 되지는 못합니다. 다만 보조적으로 활용하면 시간을 단축할 수는 있습니다.

AI 언어모델을 효과적으로 활용하기 위한 책도 나오고

강연도 여러 곳에서 열리고 있습니다. 여기서 나온 공통적인 내용을 요약하면 "챗GPT를 괴롭히라"는 얘기입니다. 단순한 질문을 하기보다는 충분한 데이터를 주고 단계적으로 추론할 수 있도록 다양한 질문을 하면 답변의 수준이 달라집니다. 현재까지 상용화된 AI 언어모델은 영어를 기반으로 합니다. 번역과 학습기능을 통해 다양한 언어로도 가능하지만, AI가 쓸 수 있는 가장 많은 데이터는 영어로 된 데이터여서 아무래도 영어로 된 질문에 대한 답이 비교적 수준이 높습니다. 그렇다고 꼭 영어로 질문할 필요는 없습니다. 다만 역할 지정, 기본 정보 제공, 분석 요청, 설명 방식, 추가 정보, 해당 정보 확인 등 챗GPT가 자신의 능력을 최대한 쓸 수 있도록 충분한 내용을 논리적으로 제공해 주어야 합니다.

위기상황에서는 시간이 그리 많지 않습니다. 많은 자료를 찾기도, 모여서 장시간 회의를 하기도 쉽지 않습니다. AI모델을 적절히 활용하면 이럴 때 시간을 줄일 수 있습니다.

예를 들면 보도자료 작성에서도 활용할 수 있습니다. 2025년 7월 3일 농림축산식품부는 여름철 폭염 피해 예

> **농림축산식품부**   보도자료
>
> 보도시점 2025. 7. 3.(목) 15:00   배포   2025. 7. 3.(목) 13:00
>
> ## 농축산물 폭염 피해 예방을 위해 총력 대응
> - 원예작물 생육 및 가축 사양관리 현황과 폭염 대응상황 긴급 점검
> - 지자체·농진청·농협 등에 폭염 피해 예방을 위한 현장 지원 강화 당부
>
> 농림축산식품부(장관 송미령, 이하 농식품부)는 최근 이어지고 있는 폭염특보 상황에 따라 원예·축산 분야 긴급 점검회의를 개최하여 작물의 생육 및 가축 폐사 발생 현황과 피해 예방을 위한 대응상황 등을 점검하였다.
>
> * 7.2 14:00 기준 전국 183개 특보구역 중 174구역(95%)에 폭염특보(폭염주의보, 폭염경보) 발령
> ** 점검 개요(원예) : '25.7.3(목) 10:00~11:00, 농식품부 원예산업과장(주재), 경기·강원·충북·충남·전북·전남·경북 담당자 및 농협, 농진청, KREI 등 참석
> 점검 개요(축산) : 25.7.3(목) 14:00~15:00, 농식품부 축산정책과장(주재), 전 시도 담당자 참석
>
> 원예작물의 생육상황을 점검한 결과 노지채소와 과채, 과일류 생육상황은 전반적으로 양호한 것으로 파악되었다. 다만, 여름배추의 경우 현재 초기 생육상황은 양호하나 폭염이 지속되어 병해가 발생·확산될 경우 작황 부진으로 이어질 우려가 있어 영양제 공급 및 방제를 적극적으로 추진토록 당부하였다.
>
> 향후 폭염 등 여름철 재해에 대비해 생육관리협의체를 통해 생육 동향을 지속 모니터링하고, 현장 기술지도와 영양제·약제 등을 적시에 지원할 수 있도록 추진할 계획이다.

방에 관한 보도자료를 배포했습니다. 농림부가 낸 보도자료입니다.

    자 이제 이 보도자료 작성 전으로 돌아가보죠. 실무자는 보도자료 작성 초안을 만들기 위해 챗GPT를 활용해 다음과 같은 명령어를 제시하였습니다.

"한국 농림축산식품부에서 여름철 폭염 피해 예방을 위해 총력대응한다는 내용으로 보도자료 초안을 작성해줘"

그러자 챗GPT가 내놓은 답입니다.

"한국 농림축산식품부의 여름철 폭염 피해 예방 총력 대응을 주제로 한 보도자료 초안입니다. 공공기관 보도자료 형식에 맞춰 작성했으며, 문체는 정책홍보용으로 적절한 설명체와 공식어투를 사용했습니다."

[보 도 자 료]

배포일자: 2025년 7월 ○일
담당부서: 농림축산식품부 재해대응팀
담당자: 홍길동 사무관 (전화: 044-000-0000)

농림축산식품부, 여름철 폭염 피해 예방 총력 대응
- 현장 밀착형 지원 강화 및 대응체계 점검 -

농림축산식품부(장관 ○○○)는 여름철 폭염으로 인한 농축산업 피해를 최소화하기 위해, 7월부터 관계기관 및 지자체와 함께 폭염 대응을 본격화한다고 밝혔다.

기상청에 따르면 올여름 평년보다 높은 기온과 더불어 열대야 발생일수 증가가 예상됨에 따라, 농림축산식품부는 농업인과 축산농가의 생계 보호와 식량안보 유지를 위해 사전 예방 중심의 선제적 대응에 나섰다.

1. 폭염 대비 비상 대응체계 운영

농식품부는 중앙재난안전대책본부, 지자체, 농진청, 축산환경관리원 등 유관기관과의 협조체계를 바탕으로 여름철 폭염대응 비상체계를 24시간 가동 중이다. 각 시·군 단위로 '폭염 대응 전담팀'을 편성하여 취약농가에 대한 현장 점검을 강화하고, 피해 발생 시 신속한 복구 지원이 이뤄질 수 있도록 준비하고 있다.

2. 폭염 취약 축산농가 집중 지원

폭염에 취약한 축산농가를 대상으로 냉방장비 설치 및 냉풍기, 안개분무기 등의 보급을 확대한다. 특히 양계·양돈 농가는 고온으로 폐사 위험이 높아, 지역 축산기술지원단과 연계하여 현장 컨설팅 및 기자재 유지보수 등을 지원할 예정이다.

아울러, 가축 폐사 시에는 재난지원금과 함께 가축재해보험을 통한 보상 절차도 신속하게 진행되도록 관련 지침을 각 지자체에 전달하였다.

3. 노지작물 피해 최소화를 위한 농작업 조정 및 기술지원

벼, 채소, 과수 등 노지작물은 고온 스트레스로 인한 생육 장애가 우려되는 만큼, 농촌진흥청과 공동으로 작물별 맞춤형 관리기술을 전국 농업기술센터에 전파하고 있다. 또한 농업인의 야외작업 시간 조정을 유도하고, 오전·오후 작업시간 조정 및 그늘막 설치 등을 권장하고 있다.

4. 농업인 대상 폭염 대응 홍보 강화

> 농식품부는 마을방송, 문자메시지, 농업기술센터 소식지, SNS 등을 통해 폭염대비 행동요령과 작물·가축 관리 요령을 지속적으로 홍보할 예정이다. 특히 고령 농업인 등 정보취약계층을 위한 맞춤형 안내도 병행하고 있다.
>
> **5. 향후 계획**
>
> 농식품부는 기상 상황에 따라 폭염주의보 및 경보가 발령되는 시기에 맞춰 단계별 대응계획을 가동할 예정이며, 폭염 종료 시까지 주기적으로 피해 현황을 점검하고, 피해 발생 시 신속한 복구 지원 및 원인 분석을 통해 후속 대책도 마련할 계획이다.
>
> 농식품부 관계자는 "올해는 평년보다 높은 기온이 지속될 것으로 예상되는 만큼, 선제적 대응과 현장 밀착 지원을 통해 농업인들의 생명과 소중한 생산기반을 지키기 위해 최선을 다하겠다"고 밝혔다.

구체적인 설명 없이 추상적인 내용으로 작성을 요청하면 챗GPT는 이렇게 일반적인 수준의 내용만을 나열합니다. 그리고 그럴싸하게 거짓 정보도 섞어 넣어 놓습니다. 유관기관과의 협조체계를 바탕으로 여름철 폭염대응 비상체계를 24시간 가동 중이라든가, 폭염에 취약한 축산농가를 대상으로 냉방장비 설치 및 냉풍기, 안개분무기 등의 보급을 확대한다는 등 세부적인 내용은 챗GPT가 그간의 데이터를 바탕으로 추론해 지어낸 이야기입니다. 사실과 맞냐고 추궁하면 '미안합니다'라는 문구를 천연덕스럽게 올려줍니다. 이 정도라면 활용할 수 있는 게 거의 없습니다.

이번에는 완성된 보도자료를 검수하는 방식입니다. 완성된 보도자료 파일을 올려주고 이렇게 물었습니다.

"우선 네 역할에 대해 말해줄게. 너는 한국의 농림축산식품부에서 정책소통을 담당하는 실무자야. 농림부에서는 다가올 무더위에 대비해 농축산물 폭염 피해 예방에 총력 대응한다는 보도자료를 배포해야 해. 그런데 실무부서에서 나온 보도자료가 너무 공적이고 딱딱해. 이 보도자료를 국민들이 쉽게 이해할 수 있도록 수정해 줘."

이 질문에 대한 챗GPT의 답변입니다.

"다음은 기존의 공적이고 딱딱한 보도자료를 국민이 쉽게 이해할 수 있도록 부드럽고 친절한 문체로 수정한 버전입니다. 정보는 그대로 유지하면서도 이해하기 쉬운 설명형으로 재구성했습니다."

[보도자료 / 이해하기 쉬운 국민 친화형 버전]

농림축산식품부, "폭염에도 안심하세요"
농축산물 피해 막기 위해 현장 지원에 총력

농림축산식품부는 최근 무더위가 계속되면서 농작물과 가축 피해를 예방하기 위한 대응을 강화하고 있습니다.

7월 2일 기준 전국 대부분 지역에 폭염 특보가 내려진 가운데, 농식품부는 원예·축산 분야 긴급 점검 회의를 열고 현장 상황을 면밀히 살폈습니다. 회의에는 지자체, 농촌진흥청, 농협, 관련 연구기관 등이 참여해 폭염 대응 체계를 함께 점검했습니다.

- 작물 생육은 현재까지 양호, 여름배추는 각별한 관리 필요

노지채소와 과일류의 생육 상태는 전반적으로 양호한 편입니다. 그러나 여름배추는 더위가 길어지면 병이 생기거나 작황이 나빠질 수 있기 때문에, 현장에서는 영양제를 제때 주고 병해충 방제도 철저히 하도록 안내하고 있습니다.

농식품부는 앞으로 생육관리협의체를 통해 작물 생육 상태를 지속적으로 살펴보고, 농업인에게 필요한 영양제와 약제를 신속히 지원할 수 있도록 준비하고 있습니다.

- 가축 폐사 늘어…축산 재해 대응반 운영 중

축산 분야에서는 더위에 특히 약한 닭과 돼지에서 폐사 피해가 일부 발생하고 있습니다. 실제로 7월 2일까지 가축재해보험을 통해 접수된 피해만 돼지 6,800여 마리, 닭 등 가금류 9만 6천여 마리에 달합니다.

이에 따라 농식품부는 지자체, 생산자단체, 관련 기관과 함께 '축산재해대응반'을 운영하며, 고온 스트레스를 줄이는 사양관리 요령을 반복 안내하고, 과거 피해를 바탕으로 위험도가 높은 농가를 우선 점검하며, 합동 점검반이 여름 내내 현장을 찾아
사양지도와 시설 점검을 진행하고 있습니다.

지자체에서는 비타민제나 스트레스 완화제를 긴급 지원해 피해를 줄이기 위해 노력 중입니다.

- 농업인 안전도 함께 챙깁니다

폭염 피해는 작물과 가축뿐 아니라 농업인의 건강과 축사 화재 같은 안전사고로도 이어질 수 있습니다.
농식품부는 농업인 여러분께 다음 사항을 당부드립니다.

기상정보와 폭염특보를 수시로 확인하세요.

정부나 지자체가 보내는 안내 문자나 마을 방송도 꼼꼼히 확인해 주세요.

무더운 낮 시간에는 작업을 피하고, 그늘에서 휴식을 취하세요.

특히 고령 농업인의 경우, 주변 이웃이나 지자체와 연락을 유지하면서 혹시 모를 온열질환에 대비해 주시기 바랍니다.

함께 지키는 농촌의 여름

농식품부는 지자체, 농진청, 농협, 생산자 단체 등과 함께 폭염 대응 현장 지원을 강화하고 있습니다. 폭염에 취약한 농가에 맞춤형 정보를 반복해서 제공하고, 필요한 지원을 아끼지 않겠습니다.

무더위 속에서도 국민의 식탁이 안전하고, 농업인과 가축이 모두 건강할 수 있도록 끝까지 최선을 다하겠습니다.

담당 문의
축산정책과 강OO 사무관 ☎ 044-000-0000
원예산업과 김OO 사무관 ☎ 044-000-0000

조금은 도움이 된 듯합니다. 평소에 무의식적으로 쓰던 문구에 대해 AI는 '국민이 이해할 수 있도록 쉬운'이라는 명령어에 바탕을 두고 이에 맞는 문장으로 초안을 적절하게 바꾸었습니다. 이 사례에서 보듯이 보도자료와 같은 정확한 정보가 필요한 때에는 초안을 먼저 작성하든지, 아니면 관련 데이터를 AI에게 파일로 충분히 제공해 주어야 제대로 된 정보를 얻을 수 있습니다. AI 기술 수준이 빠르게 발전하면 정확성과 이에 따른 활용도도 점차 늘어나겠지만 현재 수준에서는 이와 같이 완성한 작업에 대한 보조적인 수단으로 활용할 때 유용하게 쓰일 수 있습니다.

이 외에 기초적인 수준의 아이디어 회의를 해야 할 때 AI 언어모델은 시간을 줄일 수 있는 유용한 정보를 제공합니다. 또 완성한 콘텐츠를 보조하기 위한 이미지나 그래프 등의 도표를 첨부할 때도 적절한 참고 자료로 활용할 수 있습니다.

다만 여기서 잊지 말아야 할 것은 어디까지나 보조도구로만 활용해야 한다는 것입니다. 사실관계와 국민의 감정을 고려해야 하는 민감한 사안은 AI에 의존해서는 안 되는 중요한 일이기 때문입니다. 또 한편으로는 간단한 작업이라고 해서 모두 챗GPT와 같은 AI에게 맡겨버리면 어느새 의존증세로 발전하고 결국은 스스로의 능력을 훼손시키는 결과가 될 수도 있기 때문입니다.

에필로그

 소통에 관한 책을 쓰면서 제 개인적인 소통방식과 우리 삶 속의 일반적인 소통에 대해서 돌아보는 시간이 많았습니다. 소통의 기본은 듣는 데서 출발합니다. 상대의 이야기를 충분히 경청하고 이해하려고 하는 데서 소통은 시작됩니다. 상대의 말을 그 자체로 받아들이고 다르게 생각하고 있는 나를 이야기하며 같은 방식으로 이해해 주길 바라는 게 소통의 시작입니다. 이해가 안 되면 각자의 방식으로 서로 다른 생각을 인정해 주는 게 차선의 단계겠죠. 그러기 위해서는 자기 생각을 논리적으로 말하되 지나친 주장으로 상대방이 이를 강요로 받아들이면서 반박과 소모적인 논쟁으로 이어지지 않도록 해야 하고, 감성적으로는 상대를 신뢰하고 있다는 믿음을 줘야 합니다.

 돌이켜보면 명색이 소통과 관련한 일을 한다고 하면서도 정작 간단하고 쉬워 보이는 이 정도의 소통도 제대로 하지 못했던 과거의 제 모습들이 자꾸 떠올라 글 쓰는 내내 부끄러웠습니다. 상대를 이해하고 인정하는 수준의 일상 속의 소통도 이렇게 어려운데 하물며 국민 전체를 설득해야 하는 정책소통은 얼마나 어렵고 힘든 일일까요? 정책소통 실무자는 그래서 힘들 수밖에 없습니다. 그렇다고 그만둘 수도 없습니다. 국민에게 정확하고 삶에 도움을 주는 정보 제공은 반드시 필요한 일이기 때문입니다.

그리스 철학자인 아리스토텔레스는 수사학이라는 책에서 사람을 설득하기 위한 방법을 논리, 감정, 신뢰로 구분해 설명합니다. 설득은 논리로만 이뤄질 수 없고, 말하는 사람의 신뢰도와 듣는 사람의 감정까지 고려해야 한다는 것입니다. 현대의 커뮤니케이션 이론과 정치, 광고, PR전략에서도 이 세 가지 요소는 여전히 핵심 틀로 사용되고 있습니다.

정책소통 실무자라면 이 세 가지 관점을 늘 염두에 두고 메시지를 설계해야 합니다. 논리적인 근거가 충분한지, 감정적으로 공감될 수 있는지, 우리 조직이 그 메시지를 말할 자격이 있는지를 계속해서 점검해야 합니다.

정책소통 실무자는 정책의 통역사이자 전달자이며, 동시에 설득자입니다. 여러분이 하는 일은 단순한 보도자료 작성이나 홍보영상 제작이 아닙니다. 공공성과 국민의 삶 사이를 연결하고, 때로는 갈등을 조정하며, 국민과 정책 사이의 간극을 줄이는 '사회적 조율자' 역할을 수행하는 것입니다.

　이 책을 통해 중앙부처와 공공기관, 지방자치단체 등 다양한 공공 조직에서 제가 직접 또는 간접적으로 경험한 정책소통의 현실과 실무를 정리해 보았습니다. 조금 주의를 기울이셨다면 제가 책에서 쓴 모든 사례와 원칙의 중심에는 항상 '설득'과 '신뢰'라는 키워드가 있었음을 아실 수 있을 겁니다.

　하지만 그 설득은 절대 위에서 아래로 떨어지는 '주입식 설득'이어서는 안 됩니다.

　정책소통의 설득은 언제나 '국민의 시선에서, 국민의 언어로, 국민의 삶 속에서' 이루어져야 합니다. 정보를 주는 사람이 아니라, 수용자의 입장에서 듣고 말하는 사람이 되어야 진짜 소통이 시작됩니다. 그리고 비로소 신뢰가 형성됩니다.

　국민은 행정의 대상이 아니라, 정책의 주체입니다. 정책소통은 국민의 질문에 답하는 것이고, 국민의 불안을 덜어주는 것이며, 무엇보다 국민이 주인공이 되는 변화의 이야기를 함께 만들어가는 과정입니다. 그래서 결국, 정책소통의 끝은 '정책'이 아니라 '사람'입니다.

그리고 그 사람은, 말하는 우리가 아니라 듣는 이들, 국민이어야 합니다.

글을 쓰면서 제가 겪었던 사례를 떠올릴 때마다 그 시절 함께 했던 정책소통 실무자들이 많이 떠올랐습니다. 부족한 저를 늘 믿어주셨던 선배님들, 앞뒤 가리지 않았던 제 뒤에서 묵묵히 실무를 챙겨주셨던 서기관과 사무관님들, 제가 시킨 과중한 업무에 지친 모습이 안타까웠으면서도 따뜻한 격려의 말 한마디 제대로 못 해줘서 늘 미안했던 주무관님들, 언론사식 스타일에 익숙해 다그쳤던 일정을 묵묵히 해내고, 행정에 낯설었던 제가 혹여 사고 치지 않도록 믿음직하게 뒷받침해 주었던, 그리고 교통사고로 비웠던 자리를 소녀가장 소리를 들으며 메웠던 동료들, 부족한 예산에 손수 백조 풍선에 바람을 넣으며 이벤트를 준비했던 부원들, 심지어 부끄럽게도 스승의 날이라고 메시지를 보내온 후배님들, 그 외에 정책소통 현장에서 부족한 저와 함께 시간을 보냈던 많은 분들께 이 책을 빌려 감사의 말씀을 전합니다.

박병규

정책소통 이야기
— '참 이상한 나라' 제작자가 들려주는 공공소통의 철학과 현장

초판 인쇄	2025년 9월 15일
초판 발행	2025년 9월 25일
지은이	박병규
책임편집	김승욱
디자인	윤종윤 이주영
마케팅	김도윤
브랜딩	함유지 박민재 이송이 박다솔 조다현 김하연 이준희
제작	강신은 김동욱 이순호
발행인	김승욱
펴낸곳	이콘출판(주)
출판등록	2003년 3월 12일 제406-2003-059호
주소	10881 경기도 파주시 회동길 455-3
전자우편	book@econbook.com
전화	031-8071-8677(편집부) 031-8071-8681(마케팅부)
팩스	031-8071-8672
ISBN	979-11-89318-78-9 03300